Dieter Beese

Berufsethische Codices

Dieter Beese

Berufsethische Codices

Eine Quellensammlung für die berufsethische Bildungsarbeit in der Polizei

Fromm Verlag

Cover image: www.ingimage.com

Publisher:
Fromm Verlag
is a trademark of
International Book Market Service Ltd., member of OmniScriptum Publishing Group
17 Meldrum Street, Beau Bassin 71504, Mauritius

Printed at: see last page
ISBN: 978-620-2-44292-3

Geleitwort

Dieter Beese war und ist aufgrund seiner Lehr- und Vortragstätigkeit (1991 bis 2001) als Lehrbeauftragter des Rates der Evangelischen Kirche in Deutschland für Ethik im Polizeiberuf an der damaligen Polizei-Führungsakademie in Münster- Hiltrup (heute: Deutsche Hochschule der Polizei – DHPol) und als Landespfarrer der Evangelischen Kirche von Westfalen für den Kirchlichen Dienst in der Polizei ein ausgewiesener Experte im Bereich der polizeilichen Berufsethik und Polizeiseelsorge. Davon zeugen nicht zuletzt seine vielfältigen Veröffentlichungen auf diesen Gebieten. Sein Schwerpunkt lag dabei in der wissenschaftlichen Durchdringung und Reflexion ethisch- moralischer Problemstellungen und Herausforderungen der polizeilichen Arbeit, wie auch zahlreicher damit zusammenhängender theologischer Fragestellungen. Nicht zuletzt war es ihm ein wichtiges Anliegen, durch die Herausgabe und das eigene Verfassen didaktischer Hilfen und Qellensammlungen die Qualität des berufsethischen Unterrichts in der Polizei zu fördern und zu sichern. Ein Markstein ist bis heute sein im Jahr 2000 veröffentlichtes „Studienbuch Ethik - Problemfelder der Polizei aus ethischer Perspektive“ (Verlag Deutsche Polizeiliteratur, Hilden), das viele Lehrende seit dieser Zeit und teilweise bis heute begleitet. Ein Teil dieser in didaktischer Hinsicht, aber auch zeitgeschichtlich wichtigen Materialien wurde aber nur intern vervielfältigt und kursierte in Form von ‚grauer Literatur‘ unter den Lehrenden. Insofern begrüße ich es sehr, dass Dieter Beese sich aufgrund des weiterhin bestehenden Interesses an seinen Quellensammlungen nun entschlossen hat, die Quellensammlung „Berufsethische Codices" zu veröffentlichen.

Die gesammelten Quellen spiegeln das Interesse von Institutionen und Organisationen wider, auch auf die Motivation und Haltung der in ihnen tätigen Menschen einzuwirken. Dieses Interesse resultiert unter anderem aus folgendem Zusammenhang: Je verantwortungsvoller eine Tätigkeit ist, je höher die Freiheitsgrade bei der Ausübung einer Tätigkeit sind (im Sinne der Abwesenheit unmittelbarer Kontrolle) und je menschenorientierter das berufliche Handeln ausfällt (wie z.B. im Hinblick auf Menschen in Konflikt- oder Notlagen), desto wichtiger ist die intrinsische Verankerung von Haltungen und Orientierungen, von handlungsleitenden Werten und Normen, die das berufliche Handeln in solchen Kontexten unter moralisch-ethischen Gesichtspunkten verlässlich ‚steuern' (können).

Eine Vielzahl sich diesem Interesse verdankender Bemühungen in Form von Leitsätzen und Leitbildern, Codices und Codes of Conduct vor allem aus dem polizeilichen Bereich werden in der vorliegenden Sammlung in nationaler und internationaler Perspektive dokumentiert. Dass die Sammlung dazu historisch bis ins 19. Jahrhundert (und was die Zehn Gebote und die Bergpredigt angeht: weit darüber hinaus) zurückgreift, zeigt eindrücklich, dass es sich bei diesen Bemühungen um keinen genuin neuen

Ansatz am Ende des 20. Jahrhunderts handelt, sondern eine wesentlich längere Geschichte aufweist, deren Kenntnis für den – auch kritischen – Umgang mit diesen Instrumenten bis heute nicht nur hilfreich, sondern meines Erachtens so gut wie unumgänglich ist – gerade auch durch den Vergleich mit aktuellen Leitbildern.

Deswegen wünsche ich dieser Veröffentlichung neben interessierten Leserinnen und Lesern eine weite Verbreitung und Nutzung in Forschung und Lehre der polizeilichen Berufsethik und im Bereich der (polizeilichen) Führungslehre. Für alle genannten Zielgruppen wäre deren Lektüre und Nutzung mehr als lohnenswert.

Münster, den 1. Juli 2018

Werner Schiewek

(Seit 2001 Lehrbeauftragter des Rates der Evangelischen Kirche in Deutschland für Ethik im Polizeiberuf an der Deutschen Hochschule der Polizei [DHPol] und Pfarrer im Landespfarramt für den Kirchlichen Dienst in der Polizei der Evangelischen Kirche von Westfalen.)

Vorwort (2018)

Die hier veröffentlichte Sammlung berufsethischer Codices ist 1994 aus meiner Tätigkeit als Lehrbeauftragter der EKD für Ethik im Polizeiberuf (1991-2001) an der damaligen Polizei-Führungsakademie (PFA) heute: Deutsche Hochschule der Polizei (DHPol) in Münster-Hiltrup hervorgegangen. Sie dokumentiert einen Ausschnitt der berufsethischen Diskussion in der Polizei kurz nach der Wiedervereinigung 1989/90.

Die ursprüngliche Absicht, weitere Ausgaben der begonnenen Reihe „Berufsethische Quellentexte für die Polizei" zu erstellen, deren Nr. 1 die Berufsethischen Codices sein sollten, hat sich nicht realisiert. Stattdessen sind seinerzeit einige „Texte zur Polizeiseelsorge" und „Arbeitshilfen für den berufsethischen Unterricht in der Polizei" entstanden.[1] Die „Arbeitshilfen" wurden im Rahmen einer ökumenischen und interdisziplinären Kooperation der Dozentinnen und Dozenten erstellt. Sie konkretisierten das damals neue Curriculum für die polizeiliche Berufsethik an der Fachhochschule für öffentliche Verwaltung in Nordrhein-Westfalen (FHöV NRW).

---

[1] Exemplarisch: Arbeitshilfen für den berufsethischen Unterricht in der Polizei (Nr. 4, Modelle ethischer Urteilsbildung. Ein Workshop der Fachkonferenz Berufsethik. Curriculum FHöVNW/BE 2.1, in Zusammenarbeit mit Matthias Breyer, Ingo Janzen, Claudia Kiehn, Andreas Nehls, Uwe Reischke, Dr. Werner Soska, Jürgen Sterk und Pia Winkler) Münster 1999. Texte zur Polizeiseelsorge (Nr. 3, Berufsbild Polizei, Das Berufsbild der Polizei in NW heute und morgen mit Beiträgen von Hans-Joachim Heuer, Traugott Jähnichen, Dieter Schmidt, Friedrich-Wilhelm Müller, Adalbert Groß, Josef Twickler. Dokumentation der Akademietagung vom 28.-30. April 1997 des Landeskirchlichen Ausschusses für den Kirchlichen Dienst in der Polizei im Haus Villigst/Schwerte) Münster 2000.

Dieser Arbeitsprozess ist schließlich in das „Studienbuch Ethik. Problemfelder der Polizei aus ethischer Perspektive", Hilden 2000 eingeflossen.[2] (Die dortigen Ausführungen, S. 86-161, lassen sich auch als Kommentar zu den hier abgedruckten Quellentexten lesen.)

Zu meiner Freude erfuhr ich, dass die Sammlung der Codices nach wie vor gelegentlich in der berufsethischen Bildungsarbeit Verwendung findet. Allerdings ist sie nicht (mehr) in zitierfähiger Form greifbar. Um hier Abhilfe zu schaffen, habe ich die Textsammlung in eine neue Form gegossen. Bestand und Rechtschreibung der Sammlung sind bis auf kleine stilistische Glättungen in der Einführung unverändert geblieben. Um den Anschluss an die aktuelle Diskussion zu erleichtern, weise ich in Fußnoten per Link auf aktualisierte Versionen von Ethik-Codices bzw. Compliance-Berichten hin. Dies gilt beispielsweise für den Pflichtenkodex der französischen Polizei sowie für die Unternehmensethischen Dokumente der Firmen Lufthansa, Villeroy & Boch sowie für BMW.

Im Hintergrund der berufsethischen Bildungsarbeit der neunziger Jahre stand die große Aufgabe der Polizei, eine gemeinsame Aus-, Fort- und Weiterbildung nach dem Zusammenbruch der Deutschen Demokratischen Republik entsprechend den Anforderungen des Grundgesetzes der Bundesrepublik Deutschland zu gewährleisten. Dazu trug auch die berufsethische Bildungsarbeit

---

[2] Zur aktuellen berufsethischen Diskussion in der Polizei vgl. Polizeiliche Berufsethik. Ein Studienbuch von Dr. Ulrike Wagner, Professorin für Berufsethik an der Hochschule für Polizei Baden-Württemberg in Villingen-Schwenningen, unter Mitarbeit von Werner Schiewek, Lehrbeauftragter der Evangelischen Kirche in Deutschland für Ethik im Polizeiberuf an der Deutschen Hochschule der Polizei in Münster, Hilden 2015.

ihren Teil bei. Dass die Bundesrepublik mitsamt ihren neuen Bundesländern ein freiheitlich-demokratischer Rechts- und Verfassungsstaat ist, der durch internationale Verpflichtungen an die Menschenrechte gebunden ist und die Freiheitsrechte ihrer Bürgerinnen und Bürger schützt, galt als große Errungenschaft.

Nicht nur für die Polizei der neuen Bundesländer stand ein Paradigmenwechsel auf der Tagesordnung. Auch die Länder der „transitorischen“ Staaten Osteuropas bis nach Georgien begannen, sich an freiheitlichen und rechtsstaatlichen Prinzipien zu orientieren, um sich der Europäischen Union anzunähern. Als Mitglied einer Expertenkommission des Europäischen Rates hatte ich die Gelegenheit, europäische Polizeiphilosophien im Vergleich in unmittelbarer Anschauung kennenzulernen. Wichtig war es dabei auch, die Unterschiedlichkeit der Polizeiauffassungen z. B. in Großbritannien, Frankreich und Deutschland wahrzunehmen. Insofern war es sinnvoll, auch internationale Codices von vornherein in diese Sammlung einzubeziehen.[3]

Gleichzeitig waren aber nationalistische Töne nicht zu überhören. Bei den ausländerfeindlichen Gewalttaten u. a. in Mölln, Hoyerswerda, Rostock und Solingen wurde schon erkennbar: Die Problematik der gewalt-, armuts- und ökologiebedingten Migration sollte Politik, Verwaltung, Justiz und Gesellschaft noch vor erhebliche Herausforderungen stellen.

---

[3] Vgl. Beese, Dieter, Codes of Ethics for the Police in Germany. In: Council of Europe (Hrsg.): Demo-Droit Themis. Police ethics in a democratic society. Strasbourg 1997 (Council of Europe Publishing), S. 37 – 52; Chancen und Aufgaben des Kirchlichen Dienstes in der Polizei in einem vereinten Europa. in: Kreysler, Dieter; Schindele, Siegfried (Hrsg.): 2. Europäisches Symposium Polizei und Kirche Frankfurt am Main, 8. bis 12. Mai 1995. Dokumentation. Polizei im Dienst an einem neuen Europa. Kirche im Dienst an einer neuen Polizei, Münster 1996, S. 125-141.

Die Überwindung eines Unrechtssystems allein garantiert noch keine menschenrechtskonforme Praxis öffentlichen und persönlichen Handelns. Ein Rückfall in nationalistische und autokratische Muster ist stets möglich. Aktuell werden sämtliche Grundlagen der Friedensordnung seit 1945 - bis hin zur Verpflichtung zur Humanität ohne Ansehen der Person auch im Krisenfall - in Frage gestellt.

Berufsethische Bildungsarbeit hat demgegenüber beharrlich und kontinuierlich dafür zu sensibilisieren, dass allein das *Zusammenwirken* von Rechtlichkeit und Menschlichkeit im Rahmen einer menschenfreundlichen und global nachhaltigen praktischen Politik ein Leben in Würde erhalten und schützen kann. Dies setzt stets die Bereitschaft und die Fähigkeit der vorausschauenden Selbstbegrenzung aus freier Einsicht sowie die Bereitschaft zur Hilfe an Bedürftigen voraus. Ein solches Ethos muss sich in der öffentlichen Ordnung wie auch in der Haltung der Bürgerinnen und Bürger und der öffentlichen Amtsträgerinnen und Amtsträger abbilden.

Ich hoffe, mit dieser Quellensammlung einen nützlichen Beitrag zur berufsethischen Bildungsarbeit in der Polizei zu leisten. (In der vorliegenden zweiten Auflage habe ich die Gliederung der Ausgabe vom August 2018 bearbeitet und den Beitrag von Erhard Denninger, S. 97ff., durch Endnoten ergänzt, vgl. Anmerkungen S. 137f.)

Mein Besonderer Dank gilt meinem geschätzten Kollegen und Nachfolger an der Deutschen Hochschule der Polizei in Münster, Werner Schiewek, für sein freundliches Geleitwort, das diesem Buch vorangestellt ist.

Dieter Beese, Oktober 2018

Vorwort (1994)

Mit diesem Heft soll eine Reihe eröffnet werden. Sie hat das Ziel, solche Quellentexte zu sichern und einem breiteren Publikum zugänglich zu machen, die dazu hilfreich sein können, die Urteilsbildung über Fragen der polizeilichen Berufsethik zu fördern. Das eigene Quellenstudium ist in der Regel mindestens genauso produktiv wie die Rezeption und Diskussion bereits formulierter Meinungen und Positionen. (Zum Glück ist das keine Alternative.) Berufsethische Codices scheinen mir besonders geeignet zu sein, zur Diskussion von Wert- und Normenfragen der Polizei anzuregen. Allein die Tatsache, daß es so etwas wie berufsethische Codices gibt, fordert zur Stellungnahme förmlich heraus.

Diese Quellenedition wäre nicht entstanden ohne die bereitwillige und freundliche Unterstützung anderer, die der Sammelleidenschaft des Herausgebers auf die Sprünge geholfen haben. Ich danke dem Leiter der Fachhochschule für öffentliche Verwaltung Nordrhein- Westfalen, Herrn Dr. Dieprand von Richthofen, dem Leiter des Fachbereichs Gesellschaftswissenschaften an der Polizei- Führungsakademie, Herrn Leitenden Wissenschaftlichen Direktor Dr. Manfred Murck, Herrn Professor Dr. Traugott Jähnichen vom Institut für christliche Gesellschaftslehre an der Ruhruniversität Bochum, den Herren Polizeidirektoren Lehniger und Thielmann vom Fachbereich Führungslehre an der Polizei-Führungsakademie sowie Frau Kock von der dortigen Bibliothek für ihre Unterstützung, Herrn stud. phil. Frank Wiggermann für die Übersetzung des französischen Codex, Frau Horsch und meiner Frau Annemarie für die maßgebliche Mitwirkung an der Erstellung des Manuskripts und meiner Mutter für die Korrekturlesung.

Münster, im September 1994

Inhalt

1. Einleitung

1.1. Polizeiberuf und moralischer Anspruch

Ist der Polizeiberuf mit einem besonderen moralischen Anspruch verbunden? Ein Blick in die Geschichte des deutschen Beamtenethos läßt daran keinen Zweifel. Treue, Pünktlichkeit, Gewissenhaftigkeit, Rechtlichkeit, Fleiß, Gehorsam, Hingabe, Mäßigkeit, Loyalität zählen traditionell zu den Tugenden des Beamten, auch des Polizeibeamten. Aber dieses traditionelle Beamtenethos ist selbst ein Problem, weil es vordemokratischem Denken entstammt und einige historische Hypotheken auf sich geladen hat. Vom *„Glanz und Elend des deutschen Berufsbeamtentums"* ist in der Literatur die Rede, und Klaus Tanner prägte gar die bissige Formulierung von der *„gewissenhaften Gewissenlosigkeit"*.

Tugenden werden mißbraucht, wenn sie nicht institutionell-organisatorisch in einen politischen und rechtlichen Kontext und mental in ein Bewußtsein politischer Moralität eingebunden sind, die ihren humanen Sinn sichern. Das ist die kritische Lehre, die man aus der Sittengeschichte des Berufsbeamtentums ziehen kann. Nicht zufällig sind die *„hergebrachten Grundsätze des Berufsbeamtentums"* zwar in das Grundgesetz der Bundesrepublik Deutschland aufgenommen, aber dem Grundrechtskatalog nachgeordnet worden. Das Prinzip der Menschenwürde und die vorstaatlichen individuellen Freiheitsrechte weisen den Tugenden ihren Ort an.

Das Ethos der Polizei ist dem Auftrag verpflichtet, die bestehende Rechtsordnung des Staates durchzusetzen und zu bewahren. Was aus Staatswesen wird, in denen es kein wirksames Gewaltmonopol mehr gibt, zeigen die aktuellen Bürgerkriege in aller

Welt auf allzu bedrückende Weise. Bei aller notwendigen Kritik: Nur gut, wenn es eine funktionierende Verwaltung und eine arbeitsfähige Polizei gibt! Dennoch: Polizei und Polizei sind unter der Voraussetzung eines einigermaßen intakten Staatsgebildes längst nicht dasselbe. Die Polizei in der Demokratie ist nicht automatisch schon eine demokratische Polizei. Die Selbstbehauptung des Rechtsstaats ist kein Selbstzweck. Die Rechtsordnung dient vielmehr der individuellen und allgemeinen menschlichen Entwicklung und Entfaltung. Die Zivilisierung und Demokratisierung eines in der Vergangenheit obrigkeitlich und autoritär strukturierten Polizeiverständnisses ist eine bleibende Aufgabe.

1.2. Polizeiberuf und Wertewandel

In welchem Sinne läßt sich heute von einem moralischen Anspruch des Polizeiberufs sprechen? Seine Moralität wird sich nicht mehr darin erschöpfen können, die Tugendhaftigkeit des einzelnen Beamten innerhalb ansonsten unhinterfragbarer gesetzlicher und administrativer Vorgaben zur Geltung zu bringen. Polizisten werden in die Pflicht genommen nicht nur dafür, wie sie ihre Weisungen ausführen, sondern auch dafür, was sie tun. Das Beamtenrecht verpflichtet sie zur Beratung ihrer Vorgesetzten. Auch die Remonstrationspflicht ist dort vorgesehen. (Wie viele Fälle kennen Sie, in denen davon Gebrauch gemacht worden ist?) Beamte handeln nicht in eigener Sache, aber in eigener Person. Die Öffentlichkeit ist nicht bereit, administratives Handeln als gerechtfertigt anzusehen, nur weil es legal ist. Sie fragt kritisch nach, wenn es zwar legal, aber nicht plausibel ist. Ein Beamtenethos, eine Polizeimoral, die sich als überlegene Sondermoral im Gegenüber des Staates zur Gesellschaft versteht, hat nicht nur Akzeptanzprobleme intern und bei den Bürgern; sie ist auch sachlich problematisch. Sie dürfte eher zur Bildung eines problematischen Korpsgeistes beitragen als zu einem zeitgemäßen, sachgemäßen, menschengerechten und zugleich lebbaren polizeilichen Berufsethos.

Daß Beamte qua Amt eine spezifische moralische Bindung erfahren, wird trotz der Öffnung staatlicher Institutionen und Organisationen gegenüber der gesellschaftlichen Entwicklung festzuhalten sein. Nicht nur der Gesetzgeber beharrt darauf, daß Beamte der Werteordnung des Grundgesetzes auch in ihrer persönlichen Gesinnung verpflichtet sind. Auch prinzipielle Gründe sprechen dafür, daß Personen, die in ihrem Amt Macht ausüben und Herrschaft verwalten und - wie das bei der Polizei der Fall ist - sogar Gewalt anwenden, um den Willen des Gesetzgebers auch gegen Widerstand durchzusetzen, in ihrer Gesinnung, ihrer Haltung und ihrem Verhalten den Zielen eines freiheitlichen demokratischen Rechts- und Sozialstaates hinreichend Rechnung tragen. Nicht umsonst werden Fälle in der Öffentlichkeit leidenschaftlich diskutiert, aus denen entweder eine persönliche Verrohung der Sitten (zum Beispiel bei dem Verdacht der Mißhandlung von Angehörigen unterschiedlicher Minderheiten) oder politisch- ideologische Parteinahme (unter dem Eindruck möglicher polizeilicher Einäugigkeit bei Übergriffen und Tatenlosigkeit je nach politischer Farbe des polizeilichen Gegenübers) oder gar beides zugleich unterstellt wird.

Ebenso offensichtlich sind aber auch der Respekt und die Achtung vor einer Polizei, die ihrem Auftrag zugleich rechtskonform und sozial kompetent nachkommt. Das Ansehen der Polizei in der Öffentlichkeit ist bekanntlich höher als man in der Polizei oft meint.

In der Gesellschaft haben sich inzwischen moralische Anschauungen durchgesetzt, die sich vom traditionellen Beamtenethos charakteristisch unterscheiden. Liberale und emanzipatorische Tendenzen, wie sie vor allem in der französischen Revolution und in den Formulierungen der amerikanischen Verfassung geschichtswirksam geworden sind - das Ethos der Menschenrechte - haben ihren Siegeszug angetreten, zumindest, nicht zuletzt aufgrund des Studentenprotestes in den ausgehenden sechziger Jahren, in den Industriestaaten der westlichen Welt. Der sogenannte „Wertewandel“ ist spätestens seit den siebziger Jahren ein vieldiskutiertes Thema, nicht nur in Politik, Schule und Wissenschaft. Auch auf das Selbstverständnis und die moralischen Anschauungen der Polizei ist er nicht ohne Wirkung geblieben.

Die Euphorie über den Zuwachs an individueller Selbstbestimmung und erweiterter individueller Selbstentfaltungschancen ist jedoch, wo er nicht schon von vornherein als das den geordneten Kosmos bedrohendes Chaos empfunden worden ist, in weiten Kreisen einem geschärften Sinn für die Risiken und die Kosten der Freiheit gewichen. In einer Risikogesellschaft wird der Preis der Freiheit, nämlich die Unsicherheit, bisweilen allzu deutlich erkennbar. Weithin wird ein Mangel an Solidarität und eine daraus resultierende Gerechtigkeitslücke im sozialen Miteinander beklagt. Desintegrationserscheinungen und Kriminalität beschäftigen die Bürger. Aber auch neue, dem alternativ- autonomen Bürgerprotest der siebziger Jahre entstammende normative Erwartungen an die Gestaltung der öffentlichen Ordnung sind in das Bewußtsein vieler Bürger eingezogen. Umweltkriminalität und Waffenlieferungen in Krisengebiete sind nicht mehr ohne weiteres salonfähig. Jede Form von Diskriminierung wird sensibel registriert.

1.3. Renaissance der Berufsethik

Wie sich die Polizei innerhalb solcher Prozesse selbst versteht, wie sich ihr Selbstverständnis wandelt, läßt sich an Texten studieren, in denen sie in kurzer und prägnanter Form mitteilt, wie sie von sich denkt, an welchen Maßstäben sie gemessen werden will, und welche Werte und Normen ihr erheblich zu sein scheinen.

Innerhalb der in Hochkonjunktur betriebenen gegenwärtigen Ethikdebatte erlebt die Berufsethik eine gewisse Renaissance. Rein funktionalistische Auffassungen von Arbeit und öffentlich relevanter Tätigkeit reichen offensichtlich nicht aus, um die gleichzeitige Selbstaktualisierung und Einbindung von Individuen in Organisationen angemessen zu verstehen, zu erklären und zu projektieren. Berufsethik scheint gegenwärtig ein Indikator zu sein: Sie zeigt an, daß angesichts der gefährlichen Folgen institutionellen Handelns in einer modernen Industrie- und Mediengesellschaft nicht nur im Nahbereich sondern weltweit, berufliche Arbeit offensichtlich auf die Dimension persönlicher Verantwortung zurückbezogen werden muß. Reindividualisierung institutionellen Handelns tut not. Aber niemand kann so tun, als gebe es den qualitativen Unterschied zwischen institutionellem und individuellem Handeln nicht. In der gegenwärtigen berufsethischen Diskussion kann ein reiner Personalismus nicht wieder zu Ehren kommen. Seine Risiken sind zur Zeit der nationalsozialistischen Gewaltherrschaft und, wenn auch nicht in derselben Qualität, so aber doch unter modifizierten Umständen, in der kommunistischen Deutschen Demokratischen Republik allzu deutlich geworden.

Es lohnt sich, die einschlägigen Texte einmal daraufhin zu lesen. Man kann durchaus den Anspruch erheben, individuell moralisch zu sein und sich gleichzeitig von persönlicher Mitverantwortung für eine überindividuelle Moralität, auch als politische Kultur zu verstehen, dispensieren. Das ist überall möglich: sowohl vor dem Hintergrund einer obrigkeitsstaatlichen als auch einer emanzipatorischen Tradition. Aber auch die Position reiner Wissenschaftlichkeit, die moralische Probleme für eher irrelevant und wissenschaftlich bedeutungslos erachtet, gibt angesichts der

Folgen ihres Einflusses zu denken. Und doch kann es individuelle Selbstbestimmung kaum geben ohne einen ethischen Mindeststandard des öffentlichen Lebens, ohne persönliche Mitverantwortung für die politische Kultur.

Wie hältst du es mit dem allgemeinen Wohl? Dieser Frage kann sich auch die Ökonomie nicht entziehen. Wirtschaftsunternehmen setzen sich mit ethischen Fragen auseinander. Berufsverbände aus dem Bereich der Wissenschaft und der Medien fragen selbstkritisch nach den moralischen Standards, die für die professionelle Arbeit in ihrem Bereich nicht nur gelten, sondern gültig sein sollen. Der Begriff „Beruf" signalisiert diesen Wertbezug deutlicher als der Terminus „Job" oder „Funktion" oder „Erwerbs-arbeit".

Moderne Berufsethik versucht das Verhältnis von Individuum, Organisation und Institution in unterschiedlichen Bereichen in ihre Reflexionen einzubeziehen, ihre eigenen Möglichkeiten und Grenzen mitzubedenken und auf diesem Wege Einfluß zu nehmen auf das faktische Berufsethos im öffentlichen und privaten Arbeitsleben. Ihr wohnt eine pädagogische Komponente inne. Diese pädagogische Komponente ist allerdings weit entfernt von normativer Instruktion. Der Moralapostel mit erhobenem Zeigefinger ist eine ebensolche Schreckgestalt wie der in undurchsichtiger Bedeutsamkeit tiefsinnende Schöngeist oder der hemdsärmelige Einfach-Mal-Richtig-Macher.

Die Analyse und Formulierung berufsethischer Codices ist *ein* Weg der Berufsethik, um Denk- und Kommunikationsprozesse in Bezug auf Wertfragen innerhalb von Behörden und Unternehmen zu fördern, Orientierungspunkte zu formulieren und auf diese Weise ethische Kompetenz von Mitarbeitern und Vorgesetzten zu bilden.

1.4. Berufsethos und berufsethische Codices

In der Polizei gibt es schon seit langem eine breite und differenzierte Diskussion über das richtige Berufsethos. Ein Zweig dieser Diskussion ist exemplarisch in diesem Quellenheft dokumentiert: In ganz Europa und darüber hinaus wurde und wird der Versucht gemacht, das richtige Berufsethos für die Polizei in kurzer Form sprachlich niederzulegen. Das kann auf sehr unterschiedliche Weise geschehen: Da gibt es einzelne Diskussionsteilnehmer, die das Bedürfnis haben, einmal zu sagen, was sie für richtig halten, damit es andere hören und sich daran halten. Es folgen Diskutanten, die einfach einmal einen Stein ins Wasser werfen und beobachten, was dann geschieht. Da gibt es Gremien, die einem Konsens ihrer Mitglieder oder der von ihnen Repräsentierten Ausdruck geben, ihn darüber hinaus vielleicht auch durchsetzen wollen. Da gibt es leitende Gremien oder Personen, die humanes Kapital für ihre Zwecke nutzen und sich die Ethik dienstbar machen. Einige Codices sind das Ergebnis langer diskursiver Prozesse. Andere bieten Zusammenfassungen sanktionierbarer gültiger Rechtsnormen. Wieder andere bringen einfach den Geist des Hauses zur Sprache.

Die hier vorgelegten Codices entstammen und dienen vor allem der Polizei und ihrem Berufsethos. Die verschiedenen Leitsatzsammlungen lassen sich im historischen Längsschnitt lesen und dokumentieren so das Werden und die Veränderung des polizeilichen Selbstverständnisses. Vom ausgehenden neunzehnten Jahrhundert in der k.u.k.- Monarchie bis zum Jahr 1994 läßt diese Linie ausziehen. Der internationale Vergleich von Dokumenten aus Deutschland, England und Frankreich bietet die Möglichkeit, eventuelle Gemeinsamkeiten und Unterschiede im europäischen Kontext und weltweit zu thematisieren. Typisierende Konfrontation gegensätzlicher Konzeptionen - Nationalsozialismus versus Demokratie - dient zur Profilierung spezifischer Polizeiverständnisse und ihrer berufsethischen Voraussetzungen, Implikationen und Konsequenzen. Eine synoptische Zusammenstellung der Bereiche Militär, Öffentlichkeit, Wissenschaft und Polizei bietet eine besondere Chance berufsethischer Reflexion: Wie läßt sich in sehr unterschiedlichen Lebens- und Arbeitsbereichen mit unterschiedlichen Organisationsformen das eine humane Ethos (gibt es das?) gleichermaßen sachgemäß und menschengerecht aussagen, vertreten und zur Geltung bringen? Die relative Autonomie der differenzierten Bereiche einer modernen Gesellschaft bedarf der gleichen Aufmerksamkeit wie die in dieser Gesellschaft lebende und arbeitende Person, die in sich die Vielgestaltigkeit ihrer Umwelt integrieren muß. Sie kann nur unter allzu hohen humanen Kosten in unterschiedlichen Bereichen ein jeweils anderer Mensch sein.

Ethische Vergewisserung, Begründung und Erziehung durch Leitsätze haben bereits - wie die Zehn Gebote (Dekalog) und die Seligpreisungen der Bergpredigt zeigen - biblisches Alter. Die Zehnzahl und die Siebenzahl tauchen nicht zufällig auch in berufsethischen Codices neuerer Zeit auf. Die sprachliche Form des Imperativs, die Möglichkeit zur Kommentierung, wie das in einem Katechismus geschieht, das Interesse, Grenzmarken aufzustellen oder auch provozierende Perspektiven anzuzeigen, inhaltliche Prioritätenentscheidungen, die Intention der Verhaltensregulierung, die Rückführung von Verhaltensmaximen auf überpositive Geltungsgründe - alle diese Merkmale bieten die Zehn Gebote und die Seligpreisungen der Bergpredigt in exemplarischer und klassischer Form. Sie dürfen deshalb in dieser Sammlung keinesfalls fehlen.

Man ist versucht, den Dekalog und die Seligpreisungen in einer Rubrik für die Religion unterzubringen; aber sie sind keine ausschließlich religiösen oder theologischen Texte. Sie beziehen sich sehr konkret auf die gesamte soziale Ordnung und die Einstellungen und Haltungen der Menschen der Zeit und des Kulturbereichs, in dem sie entstanden sind. Ihre Wirkungsgeschichte zeigt, daß der Dekalog und die Bergpredigt in Zustimmung und Kritik von zeitlosem Rang sind und sich von daher als Referenztexte für die aktuelle berufsethische Diskussion eignen, sofern diese sich in Versuchen niederschlägt, Verhaltensorientierungen durch Codices zu geben.

1.5. Berufsethische Codices als pädagogisches Medium

Welchen Nutzen können ethische Leitsätze haben? Der Umgang mit Ethik muß *kritisch* sein. Nichts ist so giftig wie Moral! Sie kann bevormunden und ausgrenzen, Unmenschlichkeit legitimieren und ein Mittel unkontrollierter Herrschaft sein. Die größten Scheußlichkeiten werden im Namen höchster sittlicher Güter begangen: Die neue Gesellschaft und der neue Mensch, die Wiederherstellung von Ruhe und Ordnung, die Herrschaft der Vernunft, die Rückkehr zum Glauben der Väter, das allgemeine Glück der Menschheit. Warum soll es der humanen Unternehmens- und Betriebskultur, dem werteorientierten gemeinsamen Polizeiverständnis, der Werteordnung des Grundgesetzes nicht ebenso ergehen können?

Ein normativer Gruppencodex eignet sich gegebenenfalls hervorragend als Werkzeug der Instrumentalisierung und Unterdrückung der Gruppenangehörigen, wenn er nicht nur den Sinn der Arbeit zur Sprache bringt, sondern die Gesinnung der Gruppenangehörigen reglementiert und kontrolliert. Als Alibi für unterlassene Problemlösungen ist die Berufung auf hehre moralische Grundsätze ebenfalls bestens geeignet, obwohl kein Ethos notwendige allgemeinverbindliche und kontrollierbare Entscheidungen und Vorgaben ersetzen kann, auf denen ein persönliches Berufsethos sinnvollerweise aufbauen kann.

Ethik löst keine Probleme. Veröffentlichte ethische Grundsätze werden bisweilen auch wie Etiketten benutzt, die man auf Flaschen klebt, in denen sich wer weiß was befindet. Es soll wohl vorkommen, daß Ethik mehr verschleiert und vertuscht als aufklärt und Orientierung gibt.

Dem steht jedoch auf der Habenseite ein beträchtliches Plus gegenüber: Die Deklarationen der Charta 77 hat engagierten Menschenrechtsgruppen unschätzbare Dienste geleistet und sich als langfristig wirkender Humanisierungsfaktor erwiesen. Wo ethische Leitsätze auf Zustimmung stoßen, bieten sie wertvolle Möglichkeiten.

Wenn das für politische Deklarationen gilt, warum sollen nicht auch berufsethische Codices daran teilhaben? Sie vergewissern diejenigen, die zustimmen, der Zugehörigkeit zu einer Gruppe, die durch sittliche Normen miteinander verbunden sind, sich darauf ansprechen lassen und bei kritischer Nachfrage Rechenschaft über sie geben. Sie geben denjenigen, die dieser Gruppe angehören, Handlungssicherheit in der Frage, welches Tun, gemessen an diesen moralischen Maßstäben, richtig oder falsch ist. Sie geben der Gruppe eine Grundlage für die moralische Sozialisation ihrer Mitglieder, etwa in der Ausbildung und der Fortbildung. Sie geben der Gruppe einen Bezugstext für Selbstdarstellung, Selbstrechtfertigung und Selbstkritik gegenüber der Öffentlichkeit. Sie geben den Gruppenangehörigen mit niedrigem Status einen Bezugstext für Forderungen gegenüber statushöheren Gruppenangehörigen. Sie geben schließlich der Gruppe eine Basis, von der aus für die Detailgestaltung und Weiterentwicklung Perspektiven gewonnen werden können.

Die bloßen Formulierungen allein machen es natürlich nicht. Entscheidend für den Sinn und Unsinn berufsethischer Codices ist nicht ausschließlich die Richtigkeit des Inhalts. Viel kommt zudem darauf an, wer sie wann und wo unter welchen Umständen ins Gespräch bringt und inwieweit mögliche Betroffene beteiligt werden können, welche Erwartungen freigesetzt und in wie weit diese Erwartungen dann auch erfüllt werden. Vielleicht gilt die These: Berufsethische Leitlinien sind so gut (ihre inhaltliche Richtigkeit und Vertretbarkeit vorausgesetzt) wie die Berufstätigen sie sich aneignen und in Anspruch nehmen. Sie leben nicht auf dem Papier sondern in der Praxis ihrer Verbraucher; denn Ethik ist ein Gebrauchsartikel...

2. Berufsethische Codices aus dem deutschsprachigen Raum

2.1. Tugendspiegel der k.u.k. Beamten um 1860[4]

Anhänglichkeit an das monarchische Prinzip und an das Allerhöchste Regentenhaus.

Treue gegenüber dem Monarchen

Unbescholtenheit

Ehrenhaftigkeit

Nüchternheit

Subordinazion und Gehorsam

Verschwiegenheit

Fleiß

Eifer

Pünktlichkeit

Verläßlichkeit

Gründlichkeit

Vollständigkeit ... in der Bearbeitung der amtlichen Geschäfte

---

4 Aus: M. v. Obentraut, Grundsätzlicher Leitfaden für angehende junge Beamte in practischen Umrissen. 3. Teil: Uiber die nothwendigen Eigenschaften eines Beamten (Prag 1857), S. 107 – 143.

Rechtlichkeit und Unbestechlichkeit

Klugheit

Mäßigung

Entschlossenheit

Bescheidenheit

Verträglichkeit

Höflichkeit

Gefälligkeit

Anstand

Würde

Humanität

2.2. Grundsätze für die Polizei[5]

I. Halte Deinen Eid in voller Treue und ganzer Hingabe an Führer, Volk und Vaterland.

II. Die außerordentlichen Vollmachten, Dir als dem sichtbarsten Träger der Staatsgewalt gegeben, sind keine Vorrechte, sondern Pflichten. Erfülle sie vorbildlich als Diener Deines Volkes.

III. Sei aufmerksam und verschwiegen in dienstlichen Dingen, mutig und selbstbewußt, aber gerecht, rücksichtslos im Kampf gegen alle Feinde des Volkes und Staates.

IV. Handle so gegen andere, wie Du an ihrer Stelle behandelt zu werden wünschtest.

V. Sei wahr, schlicht und genügsam. Lügen sind gemein; Geschenke verpflichten; Genußsucht ist unwürdig.

VI. Hilf dem, der Deiner Hilfe bedarf.

VII. Vernachlässige nicht den äußeren Menschen, er ist das Spiegelbild des inneren.

VIII. Sei gehorsam Deinen Vorgesetzten, ein Vorbild Deinen Untergebenen, halte Manneszucht und pflege Kameradschaft.

IX. Du bist als Träger einer Waffe der größten Ehre des deutschen Mannes teilhaftig, sei dessen stets eingedenk.

X. Schule Dich und arbeite an Dir. Wer viel leistet, wird anerkannt. Anerkennung sei Dein höchster Stolz!

---

[5] Aus: Der Deutsche Polizeibeamte, Amtliches Organ des Kameradschaftbundes Deutscher Polizeibeamten (im Reichsbund der Deutschen Beamten E.V.) Sitz Berlin, 3. Jahrgang 1935, Nr. 3 – 20.A.

2.3. Sieben Gebote für den Polizeibeamten[6]

1. Die Berufung in das Beamtenverhältnis ist ein Beweis besonderen Vertrauens der Staatsregierung. Dieses Vertrauens muß sich der Beamte durch treue Pflichterfüllung würdig erweisen.
2. Treue in der Pflichterfüllung bedeutet: Voller Einsatz des ganzen Wissens und Könnens und der ganzen Persönlichkeit. Die Verpflichtung zu treuer Pflichterfüllung eines Polizeibeamten endet nicht mit dem Ablauf der Amtsstunden, sie besteht zu jeder Zeit.
3. Der Polizeibeamte ist ein Vertreter der Staatsgewalt und des Gesetzes; mehr als alle anderen Beamten steht er im Brennpunkt der Kritik des Publikums. Seine staatsbürgerkundliche Gesinnung, seine persönliche Haltung, seine und die Lebensführung der ganzen Familie müssen dieser infolge der bevorzugten Stellung zu Recht geübten Kritik standhalten können.
4. Der Polizeibeamte ist der Träger weitgehender Vollmachten. Diese Vollmachten erheben den Polizeibeamten nicht in Vorgesetztenstellung gegenüber dem Publikum; er gebraucht seine besonderen Vollmachten in dem steten Bewußtsein, Diener des Staates zum Wohle des Volkes zu sein.
5. Der Polizeibeamte soll sich aus der Menge hervorheben durch strenge Neutralität, Unparteilichkeit, Unbestechlichkeit, Gerechtigkeit, unbeirrbare Strenge und Mut im Kampf gegen das Verbrechen, Höflichkeit,

---

[6] Aus: "Die Polizei" 12/1975, herausgegeben von der britischen Militärregierung 1945. 1975 abgedruckt mit dem Hinweis: "Heute so aktuell wie damals!“

6. Bescheidenheit und Wohlwollen gegenüber Gutgesinnten, Hilfsbereitschaft, insbesondere gegenüber Kindern, Greisen und Gebrechlichen, Nüchternheit, Verschwiegenheit.

7. Der Polizeibeamte soll stolz auf die Tatsache seiner Zugehörigkeit zur Polizei sein. Dieser Stolz soll sich in seiner Haltung, seiner Körperpflege, seiner Dienstkleidung ausdrücken.

8. Der Polizeibeamte soll Kameradschaft im besten Sinne des Wortes halten und pflegen. Diese Kameradschaft umfaßt alle Polizeidienstgrade gleichermaßen. Sie findet ihren vornehmsten Ausdruck in der Disziplin, im Gehorsam, im Gruß.

9. Der Polizeibeamte soll seine Allgemeinbildung, sein fachliches Wissen und seine körperliche Verfassung freiwillig fördern und heben. Er soll kein Streber sein, er soll aber danach trachten, ein vollkommener und guter Polizeibeamter zu sein, auf den zu jeder Stunde und in jeder Lage Verlaß ist.

2.4. Grundsätze für das Verhalten des Volkspolizisten in der Öffentlichkeit und im Umgang mit Bürgern[7]

Der Erfolg in der Tätigkeit des Volkspolizisten wird in hohem Maße von seinem Auftreten in der Öffentlichkeit und der Art seines Umgangs mit den Bürgern bestimmt. Gepflegtes Aussehen des VP- Angehörigen, höfliches, korrektes und sachliches Verhalten sind neben politisch richtigen, rechtlich begründeten Entscheidungen mit die wichtigsten Voraussetzungen für den erzieherischen Wert polizeilicher Maßnahmen. Die Fähigkeit, in den vielfältigsten Situationen trotz unterschiedlicher Mentalität und Verhaltensweise der Bürger im Umgang mit ihnen stets den richtigen Ton zu finden, muß durch ständige Selbsterziehung, unterstützt durch die Vorgesetzten und das Kollektiv, erworben werden.

Die nachfolgenden Grundsätze entsprechen den elementarsten Forderungen, die an das Verhalten des Volkspolizisten in der Öffentlichkeit zu stellen sind.

- Der VP- Angehörige hat sich jederzeit durch diszipliniertes Auftreten, straffe Körperhaltung, persönliche Sauberkeit sowie durch tadellosen Zustand und Sitz seiner Uniform auszuzeichnen.

- Sicheres, korrektes und höfliches Auftreten, Zuvorkommenheit und Hilfsbereitschaft, Besonnenheit und überlegtes Handeln in jeder Situation sind Grundvoraussetzungen für erzieherisch richtiges Verhalten gegenüber den Bürgern und die erfolgreiche Durchsetzung polizeilicher Maßnahmen.

---

[7] Aus: Ministerium des Innern, Publikationsabteilung (Hg.), Schlag nach. Ratgeber für Volkspolizisten, Berlin 1965.

- Vor Beginn und nach Beendigung jedes Gesprächs mit einem Bürger ist der Tagesgruß unter Anlegen der rechten Hand an die Kopfbedeckung zu entbieten.

- Grundsätzlich ist die Anrede „Herr", „Frau" oder „Fräulein" in Verbindung mit dem Namen der angesprochenen Person bzw. „meine Dame" oder „mein Herr" anzuwenden. Bürger, die als Mitglieder der SED erkannt werden, sind mit „Genossin" bzw. „Genosse" anzusprechen.

- Beim Einschreiten sowie bei anderen dienstlichen Handlungen hat sich der VP- Angehörige mit Dienstgrad und Namen vorzustellen, sofern dies nicht unter den jeweils gegebenen Umständen unangebracht erscheint (z. B. beim Einschreiten gegen Betrunkene oder randalierende Personen, Verfolgung und Festnahme eines Täters, Erteilung kurzer Weisungen oder Auskunft im Straßenverkehr u. dgl.).

- Nach Aufforderung ist der VP- Angehörige verpflichtet, seinen Namen, die Dienstbuchnummer und die Dienststelle zu nennen, an die sich der Bürger gegebenenfalls beschwerdeführend wenden kann.

- VP- Angehörige in Zivil haben sich bei polizeilichem Einschreiten unaufgefordert mit dem Dienstbuch auszuweisen.

- Der Personalausweis ist von Bürgern nur dann zu verlangen, wenn die Feststellung der Personalien für die weitere polizeiliche Tätigkeit erforderlich ist.

- Belehrungen erfüllen nur dann ihren Zweck, wenn sie rechtlich begründet und unter Hinweis auf die eingetretenen oder möglichen Folgen der Rechtsverletzung überzeugend durchgeführt werden. Dabei sind fruchtlose Diskussionen zu vermeiden. Überhebliches, bevormundendes oder ironisches

Verhalten sowie Bemerkungen, durch die der Eindruck persönlicher Voreingenommenheit entstehen kann, schaden dem Ansehen der Volkspolizei und stellen den Erfolg des polizeilichen Einschreitens in Frage.

- Sind mehrere VP- Angehörige anwesend, hat nur der Streifenführer bzw. Dienstgradälteste das Gespräch zu führen.

- Jugendliche sind ebenso höflich zu behandeln wie Erwachsene. Die Belehrung von Kindern erfordert ein besonderes Einfühlungsvermögen und muß dem Entwicklungsstand des Kindes angepaßt sein.

- Beim Einschreiten gegen Verkehrsübertretungen von Kraftfahrern, in deren Fahrzeugen sich leitende Funktionäre der Partei, des Staates, der Wirtschaft, der Massenorganisationen bzw. Persönlichkeiten des öffentlichen Lebens befinden, sind diese zuerst über den Grund des Einschreitens zu informieren.

- Falls es sich als notwendig erweist, die Fahrt eines öffentlichen Verkehrsmittels zu unterbrechen, sind die Fahrgäste über die Ursache aufzuklären.

- Die Grundsätze für das Einschreiten gegen Übertretungen (s. „Übertretungen“) sind sinn gemäß auch beim Einschreiten gegen andere Gesetzesverletzungen zu beachten.

- Kindern, Invaliden, Kranken und gebrechlichen Personen ist jede im Rahmen des Dienstes mögliche Unterstützung und Hilfe zu gewähren.

- In private Streitigkeit haben sich VP- Angehörige nicht einzumischen, sofern nicht eine akute Gefahr für Personen besteht oder die öffentliche Ordnung gestört bzw. von Bürgern Schutz verlangt wird. Die Bürger sind über den einzuschlagenden Rechtsweg zu belehren.

- Auskünfte sind höflich, sachlich, knapp und verständlich zu erteilen. Sofern dem Bürger keine sichere Auskunft gegeben werden kann, ist ihm zu helfen, sie anderweitig zu erhalten. Rechtsauskünfte sind nur dann zu erteilen, wenn sie Angelegenheiten betreffen, für die die Volkspolizei zuständig ist (z.B. über die StVO, die Meldeordnung usw.).
- In Zivil- und anderen Rechtsfragen sind die Bürger an die Rechtsauskunftsstelle des örtlich zuständigen Kreisgerichts zu verweisen.

2.5. Merksätze für den Polizeianwärter[8]

Als Polizeiangehöriger stehst Du im Blickfeld der Öffentlichkeit. Durch Dein dienstliches und privates Verhalten trägst Du wesentlich zu dem Urteil bei, das sich die Allgemeinheit über die gesamte Polizei bildet. Präge Dir deshalb nachstehende Merksätze ein!

1. Sei aufmerksam und pflichtbewußt, verschwiegen in dienstlichen Dingen, hilfsbereit, pünktlich und höflich! Halte Ordnung und Disziplin!
2. Sei wahr und unbestechlich! Lügen ist gemein, Geschenke verpflichten.
3. Sei zurückhaltend im Alkoholgenuß! Genußsucht ist unwürdig. Alkohol mindert nicht nur die Leistungsfähigkeit, sondern auch das Urteilsvermögen. Willst Du in Deiner freien Zeit eine Gaststätte aufsuchen, dann wähle nur solche, die in jeder Hinsicht einwandfrei und Deiner dienstlichen Stellung nicht widersprechen. Hierzu trägt man grundsätzlich bürgerliche Kleidung.
4. Zeige Dich beherrscht im Umgang mit Mädchen! Männlichkeit beweist sich im Entsagen. Achte das andere Geschlecht! Bedenke, daß auch Deine Mutter ein junges Mädchen war.
5. Sei schlicht und genügsam! Erziehe Dich zur bescheidenen Lebensführung und Sparsamkeit. Hüte Dich vor unüberlegten Zahlungsverpflichtungen, denen Du nicht gewachsen bist; sie sind die Quelle unablässiger Sorgen.

---

[8] N.N., Berlin, o.J.

6. Vernachlässige nicht den äußeren Menschen, er ist das Spiegelbild des Inneren.

7. Suche Kameradschaft und pflege sie! Echte Kameradschaft ist die innere Verbundenheit einer Gemeinschaft, in der jeder einzelne für den anderen einzutreten bereit ist. Sie bewährt sich besonders in Not und Gefahr.

8. Befleißige Dich eines guten Tones, auch im engeren Kameradenkreis! Unterlasse häßliche Redensarten und unanständige Ausdrücke. Sie zeugen von niedriger Gesinnung und schmutziger Phantasie. Dulde sie daher auch nicht!

9. Meide den Verkehr mit zweifelhaften oder übel beleumundeten Personen! Suche Anschluß an gleichgesinnte Kameraden, Du gewinnst dabei!

10. Nutze Deine Freizeit zu sinnvoller Beschäftigung, zu gediegener Unterhaltung oder zu fröhlichem Sport und Spiel!

11. Folge willig den Anweisungen Deiner Vorgesetzten! Schenke ihnen Dein Vertrauen! Sie sind als Deine erfahreneren Kameraden um Dein persönliches Wohlergehen und Dein berufliches Fortkommen ständig bemüht.

12. Schule Dich und arbeite an Dir!

Wer viel leistet, wird anerkannt.

Anerkennung sei Dein höchster Stolz!

2.6. Zehn Grundsätze für Berliner Polizisten[9]

Nach der Straßenschlacht in Kreuzberg hat der Landespolizeidirektor Börner an alle Beamten der geschlossenen Polizeieinheiten Handzettel mit den folgenden „10 Grundsätzen für das Verhalten bei unfriedlichen Demonstrationen oder demonstrativen Aktionen" verteilen lassen, die sich nicht nur innerdienstlich sehen lassen können:

1. Sie haben Recht und Gesetz auf Ihrer Seite, soweit und solange Sie nach Recht und Gesetz handeln.

   Lassen Sie sich nicht provozieren!

2. Bleiben Sie auch in turbulenten Situationen gelassen. Nur in der Aufregung kommt es zu Pannen.

   Keine Hektik!

3. Denken Sie immer daran, daß nur relativ wenige bei Demonstrationen kriminell handeln. Der überwiegende Teil nimmt ein Grundrecht wahr. Seien Sie zu den an Ausschreitungen offensichtlich Unbeteiligten (ältere Mitbürger, Journalisten usw.) höflich, korrekt und hilfsbereit. Unser aller Ruf steht auf dem Spiel.

   Differenzieren Sie!

4. Sie werden nicht nur daran gemessen, was Sie sagen, sondern auch daran, wie Sie es sagen.

   Unterlassen Sie ungehörige Bemerkungen!

5. Ihr Funkverkehr wird von Außenstehenden mitgehört und vielfach auch mitgeschnitten.

   Wahren Sie Funkdisziplin!

---

[9] Aus: Die Zeit, 16.01.1981.

6. Beachten Sie beim Einschreiten stets den Grundsatz der Verhältnismäßigkeit. Er hat Verfassungsrang.

   Denken Sie an das Übermaßverbot!

7. Beweise sind Voraussetzungen für die Verurteilung von Straftätern. Füllen Sie die Vordrucke sorgfältig aus. Stellen Sie Zeugen fest.

   Sichern Sie Beweise!

8. Begeben Sie sich im Eifer des Einsatzes nicht unnötig in Gefahr. Achten Sie auch auf Ihren Nebenmann.

   Beachten Sie die Grundsätze der Eigensicherung!

9. Halten Sie Ihren Kollegen zurück, wenn er im Eifer des Einsatzes unangemessen handeln sollte.

   Üben Sie Kameradschaft, aber keine Kameraderie!

10. Wenn Sie Probleme haben:

    Vertrauen Sie sich Ihrem Vorgesetzten an!

2.7. Knigge für Polizisten[10]

Auf den Spuren des Hofjunkers Adolf Freiherr von Knigge legte Berlins Innensenator Kewenig jetzt Varianten des Knigge-Bestsellers „Über den Umgang mit Menschen" vor: Beim feierlichen Diensteid von 642 frischgebackenen Ordnungshütern gab der feinsinnige Professor für Völkerrecht im Senatorenamt den künftigen Ordnungshütern auf den Weg, was alle Polizisten angeht:

- „Fertigen Sie einen fragenden Passanten nicht mit unwilligen Antworten ab!"
- „Nehmen Sie Rücksicht auf die besonderen Eigenarten Ihrer Mitmenschen."
- „Lassen Sie sich nicht aus der Ruhe bringen, wenn jemand Ihre Auskunft nicht begreift."
- „Gehen Sie auf die Bürger zu! Wer hindert Sie daran, einer alten Frau die schwere Tasche zu tragen, wenn Sie ohnehin einen gemeinsamen Weg zu gehen haben! Ihre Uniform oder Amtwürde sollten dem jedenfalls nicht entgegenstehen...."
- „Wenn Sie nachts in einer unbeleuchteten Gegend Streife fahren wer hindert Sie, eine Frau, die auf einsamer Straße auf dem Heimweg ist, aus dem Funkwagen heraus einfach zu fragen: „Alles in Ordnung?"

Kewenig prophezeite den jungen Beamten ein ganz neues Dienstgefühl, wenn sie auf diese Weise für mehr Bürgernähe sorgten:

- „Sie werden erleben, daß Ihre Haltung Anerkennung findet! Der Bürger wird Sie umso mehr achten, je mehr Sie kein sturer Gesetzesanwender sind."

---

[10] Aus: Bereitschaftspolizei - heute - 3/87.

Der Innensenator, jetzt knapp ein Jahr im Amt, hielt auch Tips für Demonstrationen parat:

„Ihre Ausbildung wird Ihnen vermitteln, daß Sie auch dabei - ich weiß, es kann manchmal eine harte Belastungsprobe sein - in den anderen Ihre Mitbürger erkennen sollen, auch wenn sie emotional aufgehetzt sind und deshalb unverständlich reagieren. Ihre besonnene Haltung wird für den Erfolg Ihres Einsatzes von ausschlaggebender Bedeutung sein."

Der Kewenig-Knigge steht nicht allein: Zur Ausbildung von Berlins Polizisten gehört auch ein berufsethischer Unterricht - erteilt von evangelischen und katholischen Pfarrern.

2.8. Tugendkatalog für die Polizei[11]

Man spricht von einem Tugendkatalog für die Polizei, der fast unabhängig ist von der Staatsform und dem Zeitgeist. Aufgezählt werden: Treue, Pflichterfüllung, Gerechtigkeit, Unbestechlichkeit, Ehrlichkeit, Mut und Tapferkeit.

In der Kaiserzeit und erst recht heute verstehen sich die Beamten mehr als Bürger, der Dienst am Menschen wird stärker betont! Die Polizei sieht sich als Hüter der Ordnung und zugleich als Helfer der Menschen. Meines Erachtens kann man von Kardinaltugenden der Polizei sprechen: Ich zähle sie auf:

1. Die Haltung der Klugheit: Sie bedeutet: das Ganze sehen, richtiges Verhalten in allen Lebenslagen und im Umgang mit den Menschen.

2. Die Haltung der Gerechtigkeit - gegen jedermann, d. h. jedem das Seine, Unbestechlichkeit. Recht hat ja etwas mit Gerechtigkeit zu tun, mit sozialer Liebe und Hilfsbereitschaft. Gerechtigkeit ist der Anfang der Liebe. Liebe ist die Erfüllung, die Seele der Gerechtigkeit.

3. Die Haltung der Tapferkeit, d. h. Mut zur Wahrheit, Mut zur Ehrlichkeit und Glaubwürdigkeit, Mut zum Risiko, zur Verantwortung, Mut zum freien Ermessen.

4. Die Haltung des Maßes, d. h. Beachtung des Übermaßverbotes, Verhältnismäßigkeit der Mittel, Geduld und Gelassenheit, Mäßigung, Selbstbeherrschung.

Es nützt aber nichts, über diese Kardinaltugenden nur zu reden. Sie müssen vorgelebt, manchmal sogar erlitten werden. Dies

---

[11] Prälat Ludwig Creder, in: Die Polizei 5 (1985), S. 148.

erwarten Söhne und Töchter von Vater und Mutter, Schüler von ihren Lehrern, die Mitarbeiter von ihrem Polizeichef; nur das lebendige Beispiel schafft echte Autorität und Vertrauen. Die junge Generation erwartet von uns Älteren Ehrlichkeit und Glaubwürdigkeit, Offenheit und Herzlichkeit.

2.9. Sieben Berufsethische Leitsätze für Polizeibeamtinnen und Polizeibamte[12]

1. Die Berufung in das Beamtenverhältnis hat ihren Sinn im Schutz der Rechtsgüter unseres demokratischen Gemeinwesens. Der Sinn wird erfüllt in rechtskonformer und eigenverantwortlicher Berufsausübung. Legalität und Eigenverantwortung bedeuten: Das geltende Recht ist nach dem Maßstab der Grundwertentscheidungen der Verfassung konsequent anzuwenden.

   Die persönliche Lebensführung soll der Verpflichtung zu Rechtlichkeit und Verantwortlichkeit entsprechen. Polizeibeamte und -beamtinnen dürfen keine Bindungen eingehen, die ihre Loyalität zum demokratischen Rechtsstaat in Zweifel ziehen.

2. Polizeibeamtinnen und -beamte stehen für die freiheitliche, soziale und demokratische Rechtsordnung ein. Mehr als andere Beamte unterliegen sie bei ihrer Arbeit öffentlicher Beobachtung und Kritik. In fachlicher und in persönlicher Hinsicht müssen sie sich den damit verbundenen Anforderungen stellen, bedürfen aber auch einer entsprechenden sozialen Absicherung und Begleitung.

3. Polizeibeamtinnen und -beamte sind Träger weitgehender Vollmachten. Diese Vollmachten erheben Polizeibeamte nicht in eine Vorgesetztenstellung gegenüber dem Bürger: Sie sollen ihre Vollmacht gebrauchen in dem steten Bewußtsein, eine demokratisch legitimierte öffentliche Aufgabe des Staates zum Schutz vorhandener Rechte der Bürger wahrzunehmen. In ihrer Arbeit sind sie auf die

---

[12] Beese, Dieter, in: Bereitschaftspolizei - heute - 6 (1994), 331, modifizierte Fassung der 7 Gebote für den Polizeibeamten zu Ziffer 2.3., S. 28.

Zustimmung und die Zusammenarbeit der Bürgerinnen und Bürger angewiesen.

4. Polizeibeamtinnen und -beamte sollen die herkömmlichen Grundsätze des Berufsbeamtentums mit demokratischen Tugenden verbinden, um durch ihr persönliches Verhalten demokratische Kultur zu praktizieren.
5. Polizeibeamtinnen und -beamte sollen sich kollegial verhalten, unabhängig vom Dienstgrad. Kollegialität äußert sich in Fairness, Freundlichkeit, Klarheit und Zuverlässigkeit.
6. Polizeibeamtinnen und -beamte sollen ihre Allgemeinbildung, ihr fachliches Wissen und ihre körperliche Verfassung freiwillig fördern und heben. Sie sollen in Freiheit und Verantwortung ihre berufliche Laufbahn planen und ihre Interessen vertreten.
7. Polizeibeamtinnen und -beamte sollen zu ihrem Beruf stehen.

3. Berufsethische Codices international

3.1. Vereinte Nationen: Verhaltenskodex der Vereinten Nationen für Polizei-Vollzugsbeamte[13]

Die Generalversammlung der Vereinten Nationen hat am 17. Dezember 1979 folgenden Verhaltenskodex für Polizeivollzugsbeamte gebilligt:

Artikel 1

Polizeivollzugsbeamte müssen jederzeit die ihnen gesetzlich auferlegten Pflichten dadurch erfüllen, daß sie entsprechend dem hohen Maß an Verantwortlichkeit, das von ihrem Berufsstand verlangt wird, der Allgemeinheit dienen und jedwede Person vor rechtswidrigen Handlungen schützen.

Artikel 2

Bei der Wahrnehmung ihrer Pflichten haben Polizeivollzugsbeamte die Menschenwürde zu achten und zu schützen und die Menschenrechte eines jeden zu wahren und sich dafür einzusetzen.

Artikel 3

Polizeivollzugsbeamte dürfen nur dann Gewalt anwenden, wenn dies unbedingt notwendig ist, und nur in dem zur Erfüllung ihrer Pflichten erforderlichen Maße.

---

[13] Verhaltenscodex für Beamte mit Polizeibefugnissen, Generalversammlung der Vereinten Nationen 34 / 169, 17. 12. 1979. Vgl.: Die Polizei 1 (1981), S. 9., sowie: https://www.unric.org/html/german/ resolutions /A_RES_34_169.pdf, Download 31.03.2018.

Artikel 4

Bei Kenntnis von vertraulichen Angelegenheiten haben Polizeivollzugsbeamte Verschwiegenheit zu wahren, sofern Pflichterfüllung oder rechtliche Vorschriften nicht gebieten, davon abzuweichen.

Artikel 5

Kein Polizeivollzugsbeamter darf eine Person foltern, unmenschlich oder in erniedrigender Weise behandeln oder bestrafen oder veranlassen oder dulden, daß dieses geschieht; ferner können sich Polizeivollzugsbeamte nicht auf höheren Befehl oder außergewöhnliche Umstände wie Kriegszustand, drohender Ausbruch eines Krieges, unsichere innenpolitische Verhältnisse oder einen anderen öffentlichen Notstand berufen, um Folter oder andere grausame, unmenschliche oder erniedrigende Behandlung oder Bestrafung zu rechtfertigen.

Artikel 6

Polizeivollzugsbeamte haben den vollen gesundheitlichen Schutz von Personen, die sich in ihrem Gewahrsam befinden, sicherzustellen und insbesondere eine sofortige medizinische Versorgung zu veranlassen, wenn immer dies erforderlich ist.

Artikel 7

Polizeivollzugsbeamte dürfen sich keinerlei Korruption zuschulden kommen lassen. Sie sollen sich der Korruption entschieden widersetzen und sie bekämpfen.

Artikel 8

Polizeivollzugsbeamte haben das Recht und die Pflicht, diesen Verhaltenskodex zu achten. Sie haben ferner nach besten Kräften

Verstöße hiergegen zu verhindern und sich derartigen Verstößen zu widersetzen.

Polizeivollzugsbeamte, die Grund zu der Annahme haben, daß ein Verstoß gegen diesen Verhaltenskodex begangen wurde oder zu befürchten ist, haben die Angelegenheit ihren Vorgesetzten und erforderlichenfalls anderen zuständigen Behörden oder Organen zu melden, die mit Überprüfungs- und Abhilfebefugnissen ausgestattet sind.

3.2. Council of Europe - II. Declaration on the Police[14]

A. Ethics

1. A police officer shall fulfill the duties the law imposes upon him by protecting his fellow citizens and the community against violent, predatory and other harmful acts, as defined by law.
2. A police officer shall act with integrity, impartiality and dignity. In particular he shall refrain from an vigorously oppose all acts of corruption.
3. Summary executions, torture an other forms of inhuman or degrading treatment or punishment remain prohibited in all circumstances. A police officer is under an obligation to disobey or disregard any order or instruction involving such measures.
4. A police officer shall carry out orders properly issued by his hierarchical superior, but he shall refrain from carrying out any order he knows, or ought to know, is unlawful.
5. A police officer must oppose violations of the law. If immediate or irreparable and serious harm should result from permitting the violation to take place he shall take immediate action, to the best of his ability.
6. If no immediate or irreparable and serious harm is threatened, he must endeavour to avert the consequences of this violation, or its repitition, by reporting the matter to his superiors. If no results are obtained in that way he may report to higher authority.

---

[14] Aus: J. Alderson, Directorate of Human Rights (Hrsg.): Human Rights and the Police, Strasbourg 1984, 172 – 173. Vgl. Council of Europe, Declaration on the police, (Resolution 690, 1979), http://www.assembly.coe.int/nw/xml/XRef/Xref-XML2HTML-en.asp?fileid=1610 1&lang=en. Download 31.03.2018.

7. No criminal or disciplinary action shall be taken against a police officer who has refused to carry out an unlawful order.
8. A police officer shall not co-operate in the tracing, arresting, guarding or conveying of persons who, while not being suspected of having committed an illegal act, are searched for, detained or prosecuted because of their race, religion or political belief.
9. A police officer shall be personally liable for his own acts and for acts of commission or omission he has ordered an which are unlawful.
10. There shall be a clear chain of command. It should always be possible to determine which superior may be ultimately responsible für acts or omissions of a police officer.
11. Legislation must provide for a system of legal guarantees and remedies against any damage resulting from police activities.
12. In performing his duties, a police officer shall use all necessary determination to achieve an aim which is legally required or allowed, but he may never use more force than is reasonable.
13. Police officers shall receive clear an precise instructions as to the manner and circumstances in which they should make use of arms.
14. A police officer having the custody of a person needing medical attention shall secure such attention by medical personnel and, if necessary, take measures for the preservation of the life an health of this person. He shall follow the instructions of doctors an other competent medical workers when they place a detainee under medical care.
15. A police officer shall keep secret all matters of a confidential nature coming to his attention, unless the performance of duty or legal provisions require otherwise.

16. A police officer who complies with the provisions of this declaraion is entitled to the active moral an physical support of the community he is serving.

3.3. Nationale und regionale Codices

3.3.1. Kanada- Deutschland

Richtlinien für polizeiliches Handeln[15]

Polizeibeamte sollten:

- die allgemeinen Verfassungsprinzipien und die verfassungsmäßig gewährleisteten Rechte und Freiheiten der Bürger beachten;
- ein integrierter Bestandteil des Gemeinwesens sein;
- das Prinzip beachten, daß die Polizei zugleich die Öffentlichkeit wie den Staat repräsentiert (der Polizeibeamte als Diener der Bürger und des Staates);
- in partnerschaftlicher Zusammenarbeit und in enger Abstimmung mit dem lokalen Gemeinwesen die jeweiligen regionalen Prioritäten für die Bewältigung der Probleme im Bereich der Strafverfolgung und der Aufrechterhaltung der Sicherheit und Ordnung festlegen und die Zusammenarbeit bei der Lösung dieser Probleme sicherstellen;
- mit den anderen Institutionen der Strafverfolgung (Staatsanwaltschaft, Gericht, Bewährungshilfe etc.) intensiv zusammenarbeiten;

---

[15] in Anlehnung an den kanadischen Code of Ethics and Values for Police Action zusammengestellt von Thomas Feltes, Fachhochschule für Polizei, Villingen- Schwenningen. .

- sich ständig der Risiken und Probleme bewußt sein, die mit der Tatsache zusammenhängen, daß polizeiliches Alltagshandeln weitgehend von Ermessensentscheidungen geprägt ist;
- die ihnen zur Verfügung stehenden Machtmittel vernünftig, rechtlich abgesichert und zurückhaltend benutzen und dabei der kommunikativen, partnerschaftlichen Konfliktlösung immer dort Vorrang einräumen, wo dies tatsächlich möglich und rechtlich zulässig ist;
- Gewalt nur als allerletztes Mittel anwenden, wenn keine anderen Möglichkeiten zur Verfügung stehen, wobei jede Gewaltanwendung im Verhältnis zur Bedeutung und den Umständen des Geschehens stehen muß;
- der Öffentlichkeit mit qualitativ hochwertigen Leistungen dienen um so die Ordnung und die Sicherheit im Gemeinwesen zu gewährleisten;
- besonderes die Bedürfnisse von Opfern, Minderheiten und anderen gefährdeten Gruppen wie Frauen, Kindern und alten Menschen berücksichtigen;
- sich vorrangig mit der Identifizierung der örtlichen Kriminalitäts- und Ordnungsprobleme beschäftigen und versuchen, die zugrundeliegenden Ursache anzugehen;
- ein rasches Reagieren in den relativ seltenen Fällen lebensbedrohlicher Ereignisse gewährleisten;
- sich bemühen, unbegründete Kriminalitätsfurcht bei den Bürgern sowie entsprechende Befürchtungen bezüglich der örtlichen Kriminalitäts- und Sicherheitslage zu reduzieren;
- mit anderen Institutionen, die Dienstleistungen für das Gemeinwesen erbringen, partnerschaftlich zusammenarbeiten;

- sich jederzeit so verhalten, daß das Vertrauen und der Respekt der Öffentlichkeit in die polizeiliche Arbeit gewahrt bleibt;
- professionelle Standards und ethische Richtlinien entwickeln, die polizeiliches Fehlverhalten und Korruption so weit wie möglich ausschließen, die Unparteilichkeit bei der Durchsetzung des Rechts gewährleisten und die Unabhängigkeit gegenüber unberechtigten politischen und anderen (z. B. wirtschaftlichen) Einflüssen sicherstellen;
- ein verläßlicher Bestandteil des Gemeinwesens sein, sowohl formelle durch die Einrichtung demokratischer Mechanismen als auch informell durch ständige Konsultationen und Diskussionen in und mit der Öffentlichkeit.

3.3.2. Großbritannien

3.3.2.1. Ehrenkodex über Berufspflichten[16]

I. Amtspflichten

Es ist Deine Pflicht

(1) Verbrechen zu verhüten und aufzuklären, den Rechtsfrieden zu bewahren, die Angst vor Verbrechen und Unruhen einzudämmen, und - wenn möglich - für diese Ziele um die tatkräftige Hilfe der Bürger zu werben.

(2) mit ständiger Aufrichtigkeit die Herrschaft des Gesetzes durchzusetzen:

- das Recht der Rechtsfreiheit,
- das Recht der Vereinigungsfreiheit,
- das Recht auf Inanspruchnahme eines Rechtsbeistandes,
- das Recht der Amtsverschwiegenheit,
- die Vermutung der Unschuld
- und dies in gewissenhafter Übereinstimmung mit
- dem Erfordernis der Angemessenheit beim Einschreiten wegen
- Tatverdachts, den Rechten eines Tatverdächtigen,
- den notwendigen Beschränkungen bei Freiheitsentziehungen und der Strafverfolgung

---

[16] K. E. Hein, in: Die Neue Polizei 10/ 86; Polizeiliche Grundsätze (I) und Anleitung für professionelles Verhalten (II), erarbeitet von der Abteilung Öffentlichkeitsarbeit der Metropolitan Police, New Scotland Yard SWIH OBG 260-85, am 1. April 1985 aufgenommen in das fortgeschriebene "Primary Objects of the Police", 1829 herausgegeben von Commissioner Sir Richard Mayne, in der Neuausgabe mit einem Vorwort versehen von Sir Kenneth Noewman, Commissioner of police of the Metropolis; frei übersetzt (Übersetzer ungenannt).

– und dem Erfordernis der Vollständigkeit der Sammlung und Vorlage von Beweismaterial.

(3) mit einer respektvollen Achtung vor der Menschenwürde jeden, gleich welcher sozialen Stellung, Rasse oder Herkunft mit Höflichkeit und Verständnis zu behandeln

(4) gegenüber tätlichem Widerstand beides zu zeigen, nämlich Durchsetzungsvermögen sowie Beherrschung, und mit vollendetem Geschick nur soviel an Gewalt anzuwenden, wie dies zur Erreichung des Gesetzeszweckes erforderlich ist

(5) sich dem Bürger gegenüber durch überlegte Anleitungen freundlich und hilfsbereit zu erweisen und ihm in allen Notlagen beizustehen sowie in verläßlicher Führerschaft allen anderen voranzugehen, wenn die Allgemeinheit von Unglücksfällen oder ungeklärten Lagen betroffen ist.

II. Verhalten

Es ist Deine Pflicht, Streifendienst zu versehen, dabei

(1) sei beherzt und selbstlos im Angesicht der Gefahr, diene der Gemeinschaft, wenn nötig, bis an die Grenze Deiner Belastbarkeit

(2) handle immer im Interesse des Allgemeinwohls, als ein hilfsbereiter und verständnisvoller Amtsverwalter und nicht als ein bloßer Gesetzesvollzieher

(3) vermeide in der Ausübung polizeilicher Gewalt Rechthaberei, wäge mit Sorgfalt alle in Betracht kommenden Faktoren ab und beurteile diese im Hinblick auf die Anweisung des Ersten Kronanwalts; sei menschlich unter Berücksichtigung der öffentlichen Belange, besonders im Interesse des Opfers und des Täters

(4) sei stolz und zurückhaltend, beachte die üblichen Umgangsformen besonders außerhalb des Dienstes, vermeide un-

gebührlichen Eifer und Nachsicht, sei ungefesselt durch Verpflichtungen und sorge dafür, daß Du über jede Rechtsfrage ohne Furcht oder Vorteil, böse Absicht oder Mißgunst entscheiden kannst.

(5) bewahre das gute Ansehen der Polizei, arbeite ständig daran, ihre hohen Ideale zu erhalten, durch Vorbild und Führerschaft andere zu ermutigen, ebenso zu handeln, und wirke mit zu seiner Vortrefflichkeit, indem Du Dich entschlossen und ehrlich gegenüber jedem polizeilichen Amtsmißbrauch zeigst.

3.3.2.2.The Positive Policing Charter[17]

1. All residents have the rigt to an equal policing service!
2. Local people have the right to a say in how their area is policed!
3. People are the first priority!
4. Preventing crime is better than reacting to crime!
5. Providing support for victims of crime!
6. Ensuring that all people are treated with dignity an courtesy!
7. Improving the quality of policing in Newham!
8. Providing sufficient resources to police Newham!

---

[17] Aus: Policing & Community Safety Unit. Information, Newham, o. D.

3.3.2.3. The Police Service Statement of Ethical Principles[18]

As a member of the Police Service, I will:

- Act with fairness, carrying out my responsibilities with integritiy and impartiality.

- Perform my duties with diligence and a proper use of discretion.

- In my dealings with all individuals, both outside and inside the Police Service, display self control, tolerance, understanding, an courtesy appropriate to the circumstances.

- Unhold fundamental human rights, treating every person as an individual an display respect and compassion towards them.

- Support all my colleagues in the performance of their lawful duties and in doing so, actively oppose and draw attention to any malpractice by any person.

- Respect the fact that much of the information I receive is confidential and may only be divulged when my duty requires me to do so.

- Exercise force only when justified and use only the minimum amount of force necessary to effect my lawful purpose an restore the peace.

---

[18] Aus: Quality of Service Sub- Committee (Hrsg.), Bramshill, December 1992.

- Act only within the law, in the understanding that I have no autority to depart from due legal process and that no one may place a requirement on me to do so.
- Use resources entrusted to me to the maximum benefit of the public.
- Accept my responsibility for self development, continually seeking to improve the way in which I serve the community.
- Accept personal accountability for my own acts and omissions.

3.3.3. Frankreich

Code de Déontologie de la Police Nationale[19]

Titre Préliminaire

Article 1

La police nationale concourt, sur l'ensemble du territoire, à la garantie des libertés et à la défense des institutions de la République, au maintien de la paix et de l'ordre public et à la protection des personnes et des biens.

Article 2

La police nationale s'acquitte de ses missions dans le respect de la Déclaration des droits de l'homme et du citoyen, de la Constitution, des conventions internationales et des lois.

Article 3

La police nationale est ouverte à tout citoyen francais satisfaisant aux conditions fixées par les lois et règlements.

Article 4

La police nationale est organisée hiérarchiquement sous réserve des règles posées par le code de procédure pénale en ce qui

[19] Code de Déontologie de la Police Nationale Decret N° 86.592., 18.03.1986. Vgl. Code de Déontologie de la Police Nationale e de la Gendarmerie Nationale vom 01. 01. 2014, https://www.lapolice-nationalerecrute.fr/Media/Lapolicenationalerecrute.fr/Files/Autre/Code-de-deontologie-de-la-Police-nationale-et-de-la-la-Gendarmerie-nationale. Download 31.03.2018.

concerne les missions de police judiciaire; elle est placée sous l'autorité du Ministre de l'Intérieur.

Article 5

Le présent code de déontologie s'applique aux fonctionnaires de la police nationale et aux personnes légalement appelées à participer à ses missions.

Aritcle 6

Tout manquement aux devoirs définis par le présent code expose son auteur à une sanction disciplinaire, sans préjudice, le cas échéant des peines prévues par la loi pénale.

Titre I

Devoirs Généraux Des Fonctionnaires De La Police Nationale

Article 7

Le fonctionnaire de la police nationale est loyal envers les Institutions Républicaines. Il est intègre et impartial; il ne se départit de sa dignité en aucune circonstance.

Placé au service du public, le fonctionnaire de police se comporte envers celui-ci d'une manière exemplaire. Il a le respect absolu des personnes, quelles que soient leur nationalité ou leur origine, leur condition sociale ou leurs convictions politiques, religieuses ou philosophiques.

Article 8

Le fonctionnaire de la police nationale est tenu, même lorsqu'il n'est pas en service, d'intervenir de sa propre initiative pour porter assistance à toute personne en danger, pour prévenir ou réprimer tout acte de nature à troubler l'ordre public et pour protéger l'individu et la collectivité contre les atteintes aux personnes et aux biens.

Article 9

Lorsqu'il est autorisé par la loi à utiliser la force, et en particulier, à se servir des armes, le fonctionnaire de police ne peut en faire qu'un usage strictement nécessaire et proportionné au but à atteindre.

Article 10

Toute personne appréhendée est placée sous la responsabilité et la protection de la police; elle ne doit subir de la part des fonctionnaires de police ou de tiers, aucune violence ni aucun traitement inhumain ou dégradant.

Le fonctionnaire de police qui serait témoin d'agissements prohibés par le présent article engage sa responsabilité disciplinaire s'il n'entreprend rien pour les faire cesser ou néglige de les porter à la connaissance de l'autorité compétente. Le fonctionnaire de police ayant la garde d'une personne dont l'état nécessite des soins spéciaux doit faire appel au personnel médical et, le cas échéant, prendre des mesures pour protéger la vie et la santé de cette personne.

Article 11

Les fonctionnaires de police peuvent s'exprimer librement dans les limites résultant de l'obligation de réserve à laquelle ils sont tenus et des règles relatives à la discrétion et au secret professionnels.

Article 12

Le Ministre le l'Intérieur défend les fonctionnaires de la police nationale contre les menaces, les violences, les voies de fait, les injures, diffamations ou outrages dont ils sont victimes dans l'exercice ou à l'occasion deleurs fonctions.

Titre II

Droits et devoirs respectifs des fonctionnaires de police et des autorités de fonctionnement.

Article 13

L'autorité investie du pouvoir hiérarchique exerce les fonctions de commandement. A ce titre, elle prend les décisions et les fait appliquer, elle les traduit par des ordres qui doivent être précis et assortis des explications nécessaires à leur bonne exécution.

Article 14

L'autorité de commandement est responsables des ordres qu'elle donne, de leur exécution et de leurs conséquences. Lorsqu'elle charge un de ses subordonnés d'agir en ses lieu et place sa responsabilité demeure entière et s'étend aux actes que le subordonné accomplit régulièrement dans le cadre de ses fonctions et des ordres recus.

Le fonctionnaire de police doit exécuter loyalement les ordres qui lui sont donnés par l'autorité de commandement. Il est responsable de leur exécution ou des conséquences de leur inexécution.

Article 15

L'autorité de commandement transmet ses ordres par la voie hiérarchique. Si l'urgence ne permet pas de suivre cette voie, les échelons intermédiaires en sont informés sans délai.

Article 16

Hors le cas de réquisition, aucun ordre ne peut être donné à un fonctionnaire do police qui ne relève pas de l'activité fonctionnelle de son auteur, si ce n'est pour faire appliquer les règles générales de la discipline.

Article 17

Le subordonné est tenu de se conformer aux instructions de l'autorité, sauf dans le cas où l'ordre donné est manifestement illégal et de nature à compromettre gravement un intérêt public. Si le subordonné croit se trouver en présence d'un tel ordre, il a le devoir de faire part de ses objections à l'autorité qui l'a donné, en indiquant expressément la signification illégale qu'il attache à l'ordre litigieux.

Si l'ordre est maintenu et si, malgré les explications ou l'interprétation qui lui ont été données, le subordonné persiste dans sa contestation, il en réfère à la première autorité supérieure qu'il a la possibilité de joindre. Il doit être pris acte de son opposition.

Tout refus d'exécuter un ordre qui ne répondrait pas aux conditions cidessus engage la responsabilité de l'intéressé.

Article 18

Tout fonctionnaire de police a le devoir de rendre compte à l'autorité de commande-ment de l'exécution des missions qu'il en a recues, ou, le cas échéant, des raisons qui ont rendu leur exécution impossible.

Titre III

Du controle de la police

Article 19

Outre le contrôle de la chambre d'accusation, qui s'impose à eux lorsqu'ils accomplissent des actes de police judiciaire, les personnel de la police nationale et les autorités administratives de commandement sont soumis au contrôle hiérarchique et au contrôle de l'inspection générale de l'admini stration et, s'agissant des seuls personnels de la police nationale, également à celui de l'inspection générale de la police nationale.

Article 20

Le ministre de l'Intérieur et de la décentralisation est chargé de l'exécution du présent décret, qui sera publié au Journal Officiel de la République Francais.

Fait à PARIS, le 18 mars 1986. Laurent FABIUS. Par le Premier Ministre: Le Ministre de l'Intérieur et de la Décentralisation, Pierre JOXE

Deutsche Übersetzung: Frank Wiggermann

Einleitung

Artikel 1

Die nationale Polizei wirkt auf dem gesamten Territorium mit an der Garantie der Freiheiten und an der Verteidigung der Institutionen der Republik, an der Aufrechterhaltung des Friedens und der öffentlichen Ordnung und am Schutz der Personen und der Güter.

Artikel 2

Die nationale Polizei entledigt sich ihrer Aufträge in der Achtung vor der Erklärung der Menschen- und Bürgerrechte, der Verfassung, der internationalen Konventionen und der Gesetze.

Artikel 3

Die nationale Polizei steht jedem französischen Bürger offen, der den durch Gesetze und Bestimmungen festgelegten Bedingungen genügt.

Artikel 4

Die nationale Polizei ist hierarchisch organisiert unter Vorbehalt der durch die Strafprozeßordnung aufgestellten Regeln im Hinblick auf die Gerichtspolizei; sie ist dem Innenminister unterstellt.

Artikel 5

Der gegenwärtige 'code de déontologie' bezieht sich auf die Beamten der nationalen Polizei und auf die Personen, die gesetzlich dazu aufgerufen werden, an ihren Aufträgen teilzunehmen.

Artikel 6

Jede Verfehlung gegenüber den durch den gegenwärtigen 'code' festgelegten Pflichten setzt ihren Urheber einer disziplinarischen Zwangsmaßnahme aus, ohne im vorkommenden Fall den durch das Strafgesetz vorgesehenen Strafen Abbruch zu tun.

Titel I

Allgemeine Pflichten der Beamten der nationalen Polizei

Artikel 7

Der Beamte der nationalen Polizei steht den Republikanischen Institutionen loyal gegenüber. Er ist rechtschaffen und unparteiisch; er entwürdigt sich unter keinen Umständen.

Im Dienst für die Öffentlichkeit verhält sich der Polizeibeamte dieser gegenüber vor bildlich. Er hat absolute Achtung vor den Personen, welcher Nationalität oder welchen Ursprungs, welcher sozialen Lage oder welcher politischen, religiösen oder philosophischen Überzeugungen auch immer.

Artikel 8

Der Beamte der nationalen Polizei ist dazu angehalten, auch außerhalb des Dienstes, aus eigener Initiative einzugreifen, um jeder in Gefahr schwebenden Person zu helfen, um jeder die öffentliche Ordnung störende Handlung zu verhüten oder zu unterdrücken und um das Individuum und die Gemeinschaft gegen Angriffe auf die Personen und die Güter zu schützen.

Artikel 9

Wenn er durch das Gesetz dazu ermächtigt ist, Gewalt zu gebrauchen, insbesondere Waffen zu gebrauchen, darf der Polizeibeamte von diesem Recht nur einen ausschließlich notwendigen und dem zu erreichenden Ziel gegenüber angemessenen Gebrauch machen.

Artikel 10

Jede verhaftete Person ist unter die Verantwortlichkeit und den Schutz der Polizei gestellt; sie darf keine Gewalt und keine unmenschliche oder erniedrigende Behandlung erleiden durch die Polizeibeamten oder Dritte.

Der Polizeibeamte, der Zeuge von durch den vorliegenden Artikel verbotenen Handlungen wird, wird disziplinarisch dafür verantwortlich gemacht, wenn er nichts unternimmt, um diese Handlungen zu beenden, oder es unterläßt, sie der zuständigen Autorität zu melden. Der Polizeibeamte, der eine Person bewacht, deren Zustand besondere Pflege erfordert, muß medizinisches Personal herbeirufen und, wenn der Fall auftritt, Maßnahmen ergreifen, um das Leben und die Gesundheit dieser Person zu schützen.

Artikel 11

Die Polizeibeamten dürfen sich frei äußern innerhalb der Grenzen, die sich aus der Verpflichtung zur Zurückhaltung, an die sie gehalten sind, und den Regeln bezüglich der beruflichen Verschwiegenheit und Geheimhaltung ergeben.

Artikel 12

Der Innenminister verteidigt die Beamten der nationalen Polizei gegen die Drohungen, die Gewaltakte, die Sachbeschädigungen, die Beleidigungen, Diffamierungen und Beschimpfungen, deren Opfer sie in der Ausübung oder gelegentlich ihrer Amtsaufgaben sind.

Titel II

Rechte und Pflichten bezüglich der Polizeibeamten und der Amtsautoritäten

Artikel 13

Die mit der hierarchischen Gewalt ausgestattete Autorität übt ihre Befehlsaufgaben aus. In diesem Sinne trifft sie die Entscheidungen und läßt sie ausführen, sie setzt sie um in Befehle, die präzise und mit den zu ihrer guten Ausführung notwendigen Erklärungen versehen sein müssen.

Artikel 14

Die Befehlsautorität ist verantwortlich für die Befehle, die sie gibt, für ihre Ausführung und ihre Folgen. Wenn sie einen ihrer Untergebenen beauftragt an ihrem Ort und an ihrer Stelle zu handeln, bleibt ihre Verantwortlichkeit vollständig erhalten und erstreckt sich auf die Handlungen, die der Untergebene regelgerecht im Rahmen seiner Aufgaben und der empfangenen Befehle ausführt.

Artikel 15

Die Befehlsautorität leitet ihre Befehle über den hierarchischen Weg weiter. Wenn die Dringlichkeit es nicht erlaubt, diesem Weg zu folgen, sind die dazwischenliegenden Instanzen davon ohne Verzug zu unterrichten.

Artikel 16

Ausgenommen den Fall der Requisition, kann einem Polizeibeamten kein Befehl gegeben werden, der nicht abhängt von der beruflichen Tätigkeit seines Urhebers, es sei denn, es handele sich darum, die allgemeinen Regeln der Disziplin zur Anwendung bringen zu lassen.

Artikel 17

Der Untergebene ist gehalten, sich nach den Anweisungen der Autorität zu richten, nur dann nicht, wenn der gegebene Befehl offensichtlich illegal ist und ein öffentliches Interesse schwerwiegend in Mitleidenschaft zieht. Wenn der Untergebene glaubt, einem solchen Befehl gegenüberzustehen, hat er die Pflicht, von seinen Einwänden der Autorität, die den Befehl gegeben hat, Mitteilung zu machen, indem er ausdrücklich den illegalen Charakter anzeigt, den er dem strittigen Befehl beimißt.

Wenn der Befehl aufrechterhalten bleibt und wenn, trotz der Erklärungen und der Interpretation, die dem Untergebenen gegeben worden sind, dieser auf seinem Einwand besteht, erstattet er darüber der ersten höheren Autorität, die er zu erreichen imstande ist, Bericht. Es muß von seinem Einwand Kenntnis genommen werden.

Für die Weigerung, einen Befehl auszuführen, der nicht den oben genannten Bedingungen entspricht, wird der Betreffende verantwortlich gemacht.

Artikel 18

Jeder Polizeibeamte hat die Pflicht, der Befehlsautorität Bericht zu erstatten von der Ausführung der Aufträge, die er von ihr erhalten hat, oder gegebenenfalls von den Gründen, die ihre Ausführung unmöglich gemacht haben.

Titel III

Von der Kontrolle der Polizei

Artikel 19

Außer der Kontrolle der Anklagekammer, der sie unterworfen sind, wenn sie Handlungen der Gerichtspolizei ausführen, sind das Personal der nationalen Polizei und die verwaltenden Befehlsautoritäten der hierarchischen Kontrolle, der Kontrolle der Generalinspektion der Verwaltung und ebenfalls, wenn es sich ausschließlich um das Personal der nationalen Polizei handelt, derjenigen der Generalinspektion der nationalen Polizei unterworfen.

Artikel 20

Der Minister des Innern und der Dezentralisierung ist beauftragt mit der Ausführung des vorliegenden Dekrets, das im Gesetzblatt der Französischen Republik veröffentlicht wird.

Ausgefertigt in Paris, am 18. März 1986. Laurent Fabius. Durch den Premierminister: Der Minister des Innern und der Dezentralisierung Pierre Joxe.

4. Nationalsozialismus und Demokratie

4.1. Nationalsozialismus: Grundsätze für die Polizei[20]

I. Halte deinen Eid in voller Treue und ganzer Hingabe an Führer, Volk und Vaterland

Dieser erste der Grundsätze für die Polizei klingt so einfach und selbstverständlich für den Polizeibeamten, der aus innerer Überzeugung heraus seinem Beruf dient und doch oder vielleicht gerade deshalb werden viele sich nicht der tiefen Bedeutung dieser Worte bewußt geworden sein. Das ist aber notwendig, wenn die „Grundsätze" für die Polizei in ihrer Gesamtheit und für den einzelnen Polizeibeamten als Diener und Hüter des Staates Richtschnur für ihr gesamtes Handeln werden sollen.

Jeder Beamte hat den Treueid auf den Führer und Reichskanzler abgelegt. Auch der Polizeibeamte hat diesen Eid geleistet. Für ihn hat aber der Eid einen weitaus tieferen Sinn, denn der Polizeibeamte hat mit seinem Eid nicht nur die Verpflichtung übernommen, an der Aufbauarbeit mitzuwirken, sondern hat die weit höhere Aufgabe, als Waffenträger des Staates diese Aufbauarbeit zu schützen.

Immer schon war es, wenn wir in die Geschichte zurückblicken, höchste Ehre des deutschen Mannes, Waffenträger zu sein. Immer schon war es die Anerkennung von Mut und Tapferkeit, wenn der deutsche Jüngling der Ehre teilhaftig wurde, sich und seine Person für das Vaterland mit der Waffe einsetzen zu dürfen. Wer seinem Führer den Waffeneid geleistet hatte, war diesem auf

---

[20] Aus: Der Deutsche Polizeibeamte, Amtliches Organ des Kameradschaftbundes Deutscher Polizeibeamten (im Reichsbund der Deutschen Beamten E.V.) Sitz Berlin, 3. Jahrgang 1935, Nr. 3 – 20.

Leben und Tod verschworen. Er stand vor ihm, er deckte ihn als den Besten des Volkes, er gab sein Leben, ehe dem Führer etwas geschah. Treue um Treue! Wie der Führer sich selbst einsetzte für seine Gefolgschaft, so diese für den Führer.

Das gilt auch heute und heute mehr denn je, da nach Jahren völkischer Schmach der Führer dem deutschen Volke seine Freiheit wiedergegeben hat, da der deutsche Mann wieder frei und offenen Angesichts seine Waffe tragen darf. Tiefe symbolische Bedeutung hatte es daher, als der Polizeibeamte den Polizeiknüppel ablegen durfte: Nicht schlagen ist Art des deutschen Mannes, sondern, wenn es sein muß, kämpfen.

Der Polizeibeamte soll als deutscher Mann durch sein Beispiel wirken. Er soll die Volksgenossen belehren, er soll ihnen durch Rat und Tat zur Seite stehen. Er soll ihnen helfen, denn damit hilft er dem Führer getreu dem geleisteten Eide. Durch sein Wirken im täglichen Leben, durch sein Einstehen für die Volksgemeinschaft, durch seine Hilfsbereitschaft der Tat zeigt er seine Hingabe an Führer, Volk und Vaterland.

Nicht gegen seine eigenen Volksgenossen trägt der Polizeibeamte die Waffe. Er trägt sie, um sie gegenüber denjenigen nötigenfalls anzuwenden, die durch ihr Verhalten zu erkennen geben, daß sie nicht bereit sind, sich der Volksgemeinschaft unterzuordnen. Wer sich gegen Führer, Volk und Vaterland stellt, den trifft die Waffe, dann aber auch bis zur Vernichtung.

Wie es uns von unseren deutschen Vorfahren überkommen ist, gilt es für den Polizeibeamten: Halte deinen Eid in voller Treue! Stehe zu deinem Führer! Stehe zu dem, was der Führer uns bedeutet, stehe zu ihm, dem ersten Vertreter unseres Volkes, zu dem Manne, der es sich zur Lebensaufgabe gesetzt hat, unter rücksichtslosem Einsatz seiner Person für Volk und Vaterland zu wirken. Stelle dich vor den Führer! Stelle dich vor ihn, damit er arbeiten kann. Gewaltig ist die Aufgabe, die er sich setzte, gewaltig das Ziel. Deine Ehre sei es, ihn nach deinen Kräften in seinem Werke zu unterstützen.

Halte deinen Eid in ganzer Hingabe! Du hast, als du den Eid leistetest, freiwillige Verpflichtung übernommen. Niemand hat dich gezwungen, denn Zwang ist des deutschen Mannes unwürdig. Freiwillig hast du dich untergeordnet, freiwillig zum Dienst für dienen Führer dich verpflichtet. Der freiwillig geleistete Eid läßt sich nicht lösen. Er ist Richtschnur für das ganze Leben.

So bindet der Eid an Führer, Volk und Vaterland. Nun gib dich dieser Aufgabe, die du übernommen hast, hin! Setze dich und deine Person ein für diese Aufgabe! Denke daran, nicht nur wenn du im Dienst bist. Wer eine Verpflichtung übernommen hat wie der Polizeibeamte, wer, wie er die Aufgabe zu erfüllen hat, Volk und Vaterland zu schützen, dem Führer die Grundlage für sein Aufbauwerk zu erhalten, für den gibt es keine Dienststunden. Er muß seines Eides eingedenk sein zu jeder Zeit. Er muß einsatzbereit sein, wenn immer der Führer seiner bedarf. Hingabe an Führer, Volk und Vaterland kann nicht in Dienststunden geregelt werden. Hingabe an Führer, Volk und Vaterland verlangt ein Leben gemäß des geleisteten Eides, jederzeit, sei es als Privatmann, sei es im Haus oder im Dienst.

II. Die außerordentlichen Vollmachten, Dir als dem sichtbarsten Träger der Staatsgewalt gegeben, sind keine Vorrechte, sondern Pflichten. Erfülle sie vorbildlich als Diener Deines Volkes.

Jede Verwaltungstätigkeit, in erster Linie die Staatsverwaltung, ist nicht Selbstzweck, sondern Tätigkeit zum Wohle der Allgemeinheit.

Das gilt im übrigen nicht nur für die Verwaltung, das gilt letzten Endes für jede menschliche Tätigkeit im Rahmen der Volksgemeinschaft. Während der Liberalismus das Ichtum des einzelnen an die erste Stelle setzte, ohne Rücksicht darauf, ob dem einzelnen die Erringung seiner Ziele auf Kosten anderer gelang, ordnet der Nationalsozialismus bewußt den einzelnen in die Gesamtheit ein, denn der einzelne als solcher kann trotz aller persönlichen Fähigkeiten und Kräfte diese immer nur im Rahmen der Gemeinschaft entfalten. Wer aber so seine Kraft aus der Gemeinschaft der Volksgenossen schöpft, der geht diesen gegenüber Verpflichtungen ein, die ein selbstherrliches Ichtum beschränken.

Die Nation ist ein Ganzes. Jedes einzelne Mitglied hat seine Aufgabe in diesem Rahmen zu erfüllen. So auch der Beamte, der damit Diener des Volkes ist. Die Aufgaben, die er zu erfüllen hat und die ihm gewisse Machtbefugnisse gegenüber anderen Volksgenossen geben, sind nicht Ausfluß irgendeiner eigenen Machtvollkommenheit, die dem Beamten durch seine Stellung gegeben ist, sondern sie sind Verpflichtungen, die ihm auferlegt sind, nämlich seine Tätigkeit im Interesse des Volksganzen auszuüben. je größer die Machtbefugnisse sind, die der Beamte vom Staat erhalten hat, desto mehr verpflichten sie ihn damit.

Weit über den Rahmen der allgemeinen Beamtenschaft hinaus sind dem Polizeibeamten Vollmachten gegeben, weil er als Träger der Staatsgewalt, als Hüter und Schützer der staatlichen Ordnung in erster Front steht.

Er braucht diese Befugnisse, um seine Pflichten zu erfüllen. Diese besonderen Machtbefugnisse, die dem Polizeibeamten zuerkannt worden sind, verpflichten ihn aber umso mehr zu der Erkenntnis, daß er sie nicht überheblich und selbstherrlich herausstellen darf. Der Polizeibeamte muß stets bedenken, daß er seine Tätigkeit im vollsten Licht der Öffentlichkeit ausübt, mehr wie jeder andere werden daher Fehlgriffe des Polizeibeamten zur Kritik herausfordern, besonders auch deshalb, weil er bei seiner Tätigkeit häufig in das Leben des einzelnen Staatsangehörigen besonders tief eingreifende Entscheidungen zu treffen hat. Der Polizeibeamte, der seine Diensthandlungen nicht in voller Sachlichkeit durchführt, der in falscher Einschätzung seiner Person die ihm gegebenen außerordentlichen Vollmachten, wenn auch vielleicht unbewußt, mißbraucht, schädigt nicht nur sich selbst, sondern untergräbt das Ansehen seiner Berufskameraden und erschüttert dadurch bei seinen Volksgenossen den Glauben an Recht und Gerechtigkeit, der Grundlage der Staatsverwaltung sein muß.

Wem im Rahmen seiner Tätigkeit besondere Machtbefugnisse gegeben sind, der hat diese nicht als persönliche Rechte, sondern er hat die Verpflichtung, seine bevorrechtigte Stellung um so mehr im Dienst der Allgemeinheit einzusetzen. Darum verlangen die Grundsätze der Polizei mit Recht, daß der Polizeibeamte seine Pflicht vorbildlich zu erfüllen hat, denn auf ihn sieht man. Bester Beweis dafür ist es, daß vielfach Ausländer, die das nationalsozialistische Deutschland besuchen, ihr Urteil von vornherein damit begründeten, daß die Polizei ihren Dienst in vorbildlicher Art versehen habe. Aber nicht nur der Ausländer urteilt so, sondern auch der deutsche Volksgenosse. Wer einmal glaubt, von der Polizei zu Unrecht behandelt worden zu sein, der wird das so leicht nicht verwinden.

Darin liegen die besonderen Schwierigkeiten des Polizeiberufs, daß sich seine Tätigkeit häufig in irgendeiner Form gegen diesen oder jenen Volksgenossen auswirken muß. Volk und Polizei sind aber so miteinander verwachsen, daß auch derjenige, der sich mit Recht eine Rüge zuzieht, diese innerlich anerkennen wird, wenn sie berechtigt war. Das dafür notwendige Vertrauensverhältnis zwischen Volk und Polizei besteht. Es wird sich immer festigen, wenn der Polizeibeamte seine Pflicht vorbildlich erfüllt. Das Vertrauen wird aber nur zu leicht erschüttert, wenn der Polizeibeamte berechtigten Anlaß zur Kritik gibt. Darüber muß er sich bei jeder Diensthandlung klar sein und sie darauf abstellen.

III. Sei aufmerksam und verschwiegen in dienstlichen Dingen, mutig und selbstbewußt, aber gerecht, rücksichtslos im Kampf gegen alle Feinde des Volkes und Staates.

Polizeitätigkeit heißt: Lebendige Berufsausübung. Der Polizeibeamte kommt im Rahmen seiner Diensttätigkeit mit allen Bevölkerungskreisen, mit allen Berufsgruppen in engste Beziehung. Wie das Leben in persönlicher und wirtschaftlicher Beziehung bei jedem der Volksgenossen anders gestaltet und geformt ist, so muß der Polizeibeamte, der im Rahmen seiner Berufsausübung mit diesen Volksgenossen in Verbindung tritt, sich auf alle den einzelnen betreffenden Fragen der Lebensgestaltung verständnisvoll einstellen können. Dazu kommt, daß der Polizeibeamte, der seinen Beruf mit innerlichem Interesse wahrnimmt und dem es gelingt, das nötige innere Vertrauensverhältnis mit den sich an ihn wendenden und von ihm zu betreuenden Volksgenossen zu schaffen, vielmehr aus dem Leben des einzelnen hört und sieht, als irgend jemand anders. Diese Kenntnisse, die damit an den Polizeibeamten herangetragen werden, verlangen eine besondere Behandlung.

Mehr als irgendeine andere Berufsgruppe muß der Polizeibeamte den Gedankengängen anderer folgen können, muß für Sorgen und Nöte anderer Verständnis aufbringen, wenn er Freund und Helfer des Publikums sein will. Nichts ist der Bildung des notwendigen Vertrauens abträglicher, als wenn der Polizeibeamte in seiner Einstellung zum Publikum wie überhaupt in seiner gesamten Diensttätigkeit mangelndes Interesse erkennen läßt. Darum muß er sich seinem Beruf besonders verbunden fühlen, darum muß er auch jederzeit geneigt sein, aufmerksam alles das zu beobachten, was er im Rahmen seines Dienstes zur Kenntnis erhält, gleichgültig ob es Fragen sind, die von außen an ihn herangetragen werden, gleichgültig, ob es sich um innerdienstliche Belange handelt, die für das Auftreten des Polizeibeamten nach außen richtungsgebend sein sollen.

Wer aber gewürdigt wird, so vieles zu hören und zu erleben, was anderen verborgen bleibt, der hat damit auch die Verpflichtung, dieses ihm entgegengebrachte Vertrauen dadurch zu rechtfertigen, daß er das ihm Anvertraute nicht weiterträgt. Darum muß der Polizeibeamte schweigen können. Er muß verschwiegen sein in dienstlichen Dingen und allen den Fragen, die den einzelnen Volksgenossen betreffen.

Vertrauen, das dem Polizeibeamten in dieser Art entgegengebracht wird, verpflichtet ihn aber weiterhin, mutig und selbstbewußt die Fragen anzupacken, deren Lösung in den Rahmen seiner Dienstaufgaben fällt.

Der Polizeibeamte muß charakterlich stark sein. Feiglinge und Kriecher finden in der Polizei keinen Platz. Wer zum Schutz der Allgemeinheit, zum Schutz des einzelnen Volksgenossen und nicht zuletzt zum Schutze des Staates berufen ist, wer notfalls mit der Waffe in der Hand zu kämpfen hat, der muß auch in Charakterstärke zu seinen Entscheidungen stehen. Das darin zeigende Selbstbewußtsein darf aber niemals Überheblichkeit oder Selbstherrlichkeit werden.

Deshalb darf der Polizeibeamte sich bei seinen Diensthandlungen niemals durch persönliche Empfindsamkeiten leiten lassen. Nur wer gerecht urteilt, der wird vor der Kritik bestehen können. Und wer wie der Polizeibeamte seinen Dienst in voller Öffentlichkeit unter den Augen der Allgemeinheit auszuüben hat, der ist naturgemäß der Kritik ausgesetzt. Ist aber das Handeln gerecht gewesen, nur begründet durch die fachliche Beurteilung, dann wird der Polizeibeamte auch bei dieser Kritik gut abschneiden. Sein Handeln wird verständnisvoll betrachtet werden, selbst wenn dadurch dieser oder jener betroffen würde. Jede Tätigkeit der Polizei wird mit dem notwendigen Verständnis aufgenommen werden, wenn in ihr zu erkennen ist, daß sie nur dem Zweck diente, dem Wohle der Allgemeinheit zu nützen.

Mehr noch als in seiner Tätigkeit für die einzelnen Volksgenossen müssen diese Grundsätze ihre Anwendung finden im Kampf gegen alle Feinde des Volkes und Staates. Wer für sein Volk, für sein Vaterland gegen dessen Feind anzutreten hat, muß zum Einsatz seiner Person bereit sein. Feiglinge brauchen wir nicht. Für diesen Kampf bedarf es der Männer, die sich rücksichtslos einsetzen, die nicht an sich denken, sondern nur an das Ziel, das sie erreichen sollen.

Gerade bei dieser seiner höchsten Aufgabe muß der Polizeibeamte immer daran denken, daß ein Zurückweichen, auch nur des Einzelnen, den Feinden des Volkes und Staates Vorschub leistet. Wer mutig und selbstbewußt ist, kennt kein zurück. Der Polizeibeamte muß es sein. Mut und Selbstbewußtsein sind seine selbstverständlichen Charaktereigenschaften. Er muß sie aber auch weiter stärken und schulen in treuer Kameradschaft. Nur dann wird er das erfüllen können, was die Grundsätze für die Polizei von ihm verlangen: Rücksichtslos sein im Kampf gegen alle Feinde des Volkes und Staates.

IV. Handle so gegen andere, wie Du an ihrer Stelle behandelt zu werden wünschest.

Unendlich vieles liegt in diesem vierten der Grundsätze für die Polizei, der so klar und unmißverständlich ist. Grundsätze sind Lebensregel. Sie sind dazu bestimmt, Richtschnur für das Handeln aller derer zu sein, die einem gemeinschaftlichen Ziel zustreben.

Jede Einzelgruppe ist aber als solche wiederum nur ein Teil des Ganzen. Sie steht nicht für sich allein, sondern sie steht in Verbindung mit Volksgenossen aus anderen Berufen.

Auf den verschiedensten Gebieten bei der verschiedensten Diensttätigkeit entstehen Berührungspunkte. Wer sich nicht einordnet, nicht Verständnis für den anderen aufbringt, der muß nicht in die Gemeinschaft. Gilt das für jeden einzelnen Volksgenossen, so viel mehr noch für den Polizeibeamten, denn seine Berufstätigkeit ist noch weniger als jede andere Selbstzweck, sondern Dienst am Ganzen, Dienst an Volk und Vaterland.

So greift die Tätigkeit des Polizeibeamten vielfältig in das Leben anderer Volksgenossen ein. Ein Beruf, der das mit sich bringt, verlangt von seinem Träger ganz besonderes Empfinden für das Fühlen und Denken desjenigen, mit dem er in Berührung kommt. Der Polizeibeamte ist in seinem Handeln, in seiner Diensttätigkeit Vertreter der Staatsautorität. Damit ist ihm gegenüber der Staatsbürger, der Volksgenosse vielfach Objekt des polizeilichen Handelns. Aber diese Machtbefugnisse, die dem Polizeibeamten als Repräsentanten der Staatsautorität übertragen sind, sollen ihn nicht stolz und hochmütig machen, er soll in allem seinem Handeln dessen eingedenk sein, daß auch er ein Glied des Ganzen, daß er Diener der Allgemeinheit, Diener des Volkes ist. Darauf muß er bei seinem Handeln bedacht sein. Beste Richtschnur für sein Handeln ist der Vergleich, dem ihm der vierte Grundsatz für die Polizei gibt: Handle so gegen andere, wie du an ihrer Stelle behandelt zu werden wünschest.

Wer diesen Satz bei jeder Diensttätigkeit sich vor Augen hält, der wird kaum in Gefahr kommen, bei seiner Diensttätigkeit irgendwie fehl zu gehen, denn wer sich selbst gegenüber offen und gerade ist, wer seine eigenen Fehler und Schwächen kennt und daran arbeitet, sie abzustellen, er wird Fehlern anderer gegenüber gerecht sein und wird Verständnis für Schwächen anderer haben, er wird dann das richtige Maß finden, wenn er dazu berufen ist, gegen Auswirkungen dieser Fehler und Schwächen vorzugehen. So wie der Polizeibeamte selbst mit Recht sich durch schroffes Wesen anderer zurückgesetzt fühlt, wie es der Polizeibeamte empfindet, wenn bei seinem Einschreiten ein Volksgenosse vielleicht seiner Abneigung ihm gegenüber Ausdruck gibt, so empfindet auch jeder sehr wohl, ob ihm der Polizeibeamte sachlich, ruhig entgegentritt und bei einer vielleicht notwendigen Zurechtweisung in der Art seines Auftretens zeigt, daß er sich nicht als ein höheres Wesen dünkt, sondern daß er berät. daß er hilft, wo er nur kann.

Dabei muß der Polizeibeamte bei seinem Einschreiten eines bedenken: Viele unserer Volksgenossen sind Zeit ihres Lebens in der individualistischen Auffassung vergangener Zeit erzogen worden. Sie haben in ihr gelebt und haben die Lehre des Individualismus, daß das Recht des einzelnen in seiner Summe erst das Recht der Allgemeinheit ausmache, in sich aufgenommen. Diese Gedankengänge haben es mit sich gebracht, daß die Ansicht des Liberalismus, daß das Recht des einzelnen damit das Primäre, das Recht der Allgemeinheit erst das Sekundäre ist, so tief verwurzelt ist, daß es noch nicht jedem gelungen ist, die von ihm wohl als wertvoll erkannte Umstellung auf die Volksgemeinschaft auch bis in ihre letzte Konsequenz gegen sich selbst innerlich vorzunehmen. So kommt es, daß auch heute noch viele oder eine Reihe von Volksgenossen glaubt, die von ihnen verlangte und notwendige, durch den Polizeibeamten zu fördernde Unterordnung unter die Gesetze der Allgemeinheit, die Zurückstellung eigener Wünsche und eigenen Wollens unter den Willen der Gesamtheit, als Zwang gegenüber der eigenen Person empfinden zu müssen.

Wenn nur der Polizeibeamte bei seinem Handeln fehlgreift, so stärkt er damit naturgemäß das in dem einzelnen, dem er gegenübertreten muß, schlummernde, mehr oder weniger inner-lich empfundene, wenn auch irrige Gefühl berechtigten Widerstandes. Hier, wie stets, muß aus dem Handeln des Polizeibeamten das Streben fühlbar sein, jeden Volksgenossen erkennen zu lassen, daß die Polizei im Interesse aller tätig ist und daß, wenn diese Tätigkeit sich gegen den einen oder anderen Volksgenossen richten muß, dieses geschieht, weil der einzelne seinen Interessenkreis bescheiden muß zum Wohle der Gemeinschaft.

Das dazu notwendige Vertrauensverhältnis zwischen Polizei und Volksgenossen wird vertieft und gestärkt, wenn der Polizeibeamte jede überflüssige Schroffheit vermeidet, wenn er auch da noch ein freundliches Wort findet, wo er zur Verantwortung ziehen muß.

So wünscht es sich die Polizei auch selbst.

Auch der Polizeibeamte ist Mensch und als solcher nicht frei von Fehlern. Sieht er das ein, dann wird er um so leichter geneigt sein, bei der von ihm dienstlich verlangten Berichtigung, Fehler anderer den Maßstab anzulegen, von dem er wünscht, daß er auch seinem Handeln gegenüber angelegt wird.

V. Sei wahr, schlicht und genügsam, Lügen sind gemein; Geschenke verpflichten; Genußsucht ist unwürdig.

Eine der wichtigsten Grundlagen für den Aufbau unseres deutschen Vaterlandes war im Gegensatz zu vielen anderen Staaten, daß schon immer das deutsche Beamtentum durch besondere persönliche Tugenden sich auszeichnet. Der Beamte, der für seinen Dienst am Volk und Vaterland nicht in übermäßigen Geldwerten seinen Lohn empfing, sah einen höhern Lohn darin, daß er in bevorrechtigter Stellung Volk und Vaterland dienen durfte. Der treue, ehrliche Beamte hat so zu seinem Teil für das Ansehen der Nation unter den anderen Völkern beigetragen.

Ein Staat, dessen Beamtentum in diesen Tugenden versagt, muß daran kranken. Ein Staat, dessen Polizeibeamte, als Hüter und Schützer von Volk und Vaterland berufen, dieser Tugenden ermangelt, wird untergehen, denn wer selbst nicht ehrlich und wahr, wer selbst kein gerader offener Charakter ist, der kann nicht die Aufgaben erfüllen, deren Erfüllung von dem Polizeibeamten verlangt wird.

Der deutsche Volksgenosse soll für sein Volk, für sein Vaterland leben. Er wird dabei nach Vorbildern suchen. Er wird sehen, ob andere ihm in dieser Weise vorleben. Dabei sieht er vor allem auf diejenigen, die ihm als Diener des Staates aber auch als Träger der Staatsgewalt besonders leicht in ihrem Tun und Handeln erkennbar sind: das ist der Polizeibeamte. Darum gilt für diesen die Forderung, für die anderen als Beispiel:

Sei wahr, schlicht und genügsam!

Diese drei Grundtugenden des Deutschen müssen von jedem Polizeibeamten verlangt werden. Der Volksgenosse, der mit dem Polizeibeamten - sei es dienstlich - in Berührung kommt, hat ein sehr feines Empfinden dafür, ob dieser es ehrlich mit ihm meint oder nicht. Der Deutsche lehnt schon rein gefühlsmäßig denjenigen ab, der glaubt, durch Worte soll der Polizeibeamte auch da der Wahrheit die Ehre geben, wo vielleicht ihm selbst gewisse Schwierigkeiten entstehen können.

Auch der Polizeibeamte ist ein Mensch mit menschlichen Schwächen, mit menschlichen Fehlern. Als deutscher Mann wird er aber diese Fehler erkennen. Er wird wahr gegen sich selbst sein und aus dieser Wahrheit heraus an sich selbst arbeiten, Fehler abzulegen und Schwächen zu überwinden. Und wenn er einmal einen Fehler gemacht hat, dann ist es seiner unwürdig, vielleicht durch Unwahrhaftigkeit zu versuchen, die Folgen von sich abzuwenden. Er braucht dabei sich gar nicht darüber klar zu werden, daß Unwahrhaftigkeit leicht entdeckt wird, und daß dadurch die nachteiligen persönlichen Folgen nur größer werden. Er soll sich offen zu seinen Taten, zu seinem Handeln bekennen. Für das, was er getan hat, tritt er ein und trägt die Folgen.

Lügen sind gemein! Sie sind ein Zeichen niederen Charakters, niederer Gesinnung. Wer lügt, den wird man nicht nur nach dem gegebenen Einzelfall beurteilen; denn wer zu Lügen geneigt ist, wer glaubt, sich vielleicht durch Lügen der Verantwortung entziehen zu können, von dem wird man mit Recht annehmen, daß er auch in anderen Fällen es mit der Wahrheit nicht genau nimmt. Niedere Charaktere gehören nicht in die Polizei.

Sei schlicht! Der wertvolle Mensch ist nicht daran zu erkennen, daß er mit Glücksgütern gesegnet ist, daß er durch Aufwand und Geldausgaben versucht, auf andere mindere Charaktere Eindruck zu machen. Nicht äußerer Glanz, nicht Geld sind Kennzeichen des Wertes eines Menschen, sondern wertvoll ist der, dessen Charaktereigenschaften wertvoll sind. Wer bescheiden, aber ehrlich lebt, handelt ehrenhaft. Wer versucht, sich irgendwelche Vorteile auf nicht rechtmäßige Weise zu verschaffen, ist ein Lump.

Nur wer ehrlich ist, kann sachlich sein, denn er bleibt unbeeindruckt durch solche, die vielleicht glauben, ihn durch Geld in Abhängigkeit zu bringen.

Geschenke verpflichten!

Wer dem Polizeibeamten Geschenke anbietet, tut es nicht um der Person des Beamten wegen - auch wenn er ihm angeblich helfen will - ; er tut es, weil er in der Geschenkhingabe glaubt, für sich Vorteile erringen zu können. Mit Kleinigkeiten fängt es an. Wer aber einmal etwas angenommen hat, befindet sich in der Hand des anderen. Dann kommen Forderungen. Ihnen kann sich der schwer entziehen, der erst einmal in Abhängigkeit geraten ist. So mancher ist im Leben schon gescheitert, der es nicht verstand, seine Unabhängigkeit zu bewahren.

Genußsucht ist das Grundübel, das schon manchen auf die schiefe Bahn gebracht hat; er verkaufte Ansehen und Ehre um kleinerer, augenblicklicher Vorteile wegen. Darum sei genügsam! Begnüge dich mit dem, was du hast und sieh nicht scheel auf andere, die scheinbar mehr haben als du!

Wenn ein anderer vielleicht auch mehr Geld hat; ob er deshalb sorgenfreier lebt, ob er glücklicher ist, kannst du nicht wissen. Die Möglichkeit größerer, vielleicht sogar unbeschränkter Geldausgaben macht nicht zufrieden. Zufrieden ist der, der in seiner Arbeit seinen Lohn sieht. Glücklich der, der durch seine Arbeit schwer verdienten Lohn die Möglichkeit hat, sich und anderen, wenn auch in nur kleinem Maße, Freude zu bereiten.

Genußsucht ist unwürdig des deutschen Menschen, bewußt erzieht darum der Nationalsozialismus zur Abwehr vom Materialismus. Der deutsche Mensch, der deutsche Charakter ist wertvoll vor sich selbst und wertvoll für die Gemeinschaft. In den Tugenden des deutschen Mannes muß der Polizeibeamte lebendiges Bei-spiel für die anderen sein. An diesen Tugenden, sichtbar jedem Volksgenossen, werden sich diejenigen aufrichten, bei denen Schwäche vielleicht gutes Wollen überschattet: dann dient der Polizeibeamte in Wahrheit seinem Führer, Volk und Vaterland!

VI. Hilf dem, der Deiner Hilfe bedarf.

Tapferkeit und Treue sind die Grundtugenden des Deutschen. Tapferkeit und Treue haben den Deutschen im Kampf mit fremden Völkern bestehen lassen. Als diese Grundtugenden durch artfremde Einflüsse überschattet wurden, kam der Rückschritt. Dem Führer danken wir es, daß er diese Einflüsse beseitigt hat, an uns liegt es nun, ihm zu folgen, den deutschen Tugenden wieder Geltung zu verschaffen. Tapferkeit und Treue sind Grundpfeiler wahrhafter Volksgemeinschaft, denn wer tapfer ist, wer keine Furcht kennt, der wird auch unerschrocken für den anderen, Schwächeren eintreten. Er hilft dem, der seiner Hilfe bedarf.

Das muß sich der Polizeibeamte stets vor Augen halten, denn dieser Tugenden, die der Deutsche sich durch Jahrhunderte bewahrt hat, bedarf besonders derjenige, der als Waffenträger seines Volkes berufen ist, für den einzelnen seiner Volksgenossen wie für die Gesamtheit einzutreten.

Mannigfach sind die Fälle, in denen der Polizeibeamte zur Hilfeleistung berufen ist. Nicht immer sind es dabei große Taten von Mut und Tapferkeit, die als Hilfeleistung von ihm verlangt werden. Wohl werden solche Einzeltaten besonders bekannt, vielleicht besonders belohnt werden. Innere Befriedigung und Freude empfindet aber ebenso sehr derjenige, der in den Kleinigkeiten des täglichen Lebens einem anderen mit Rat und Hilfe zur Seite stehen kann. Gerade dieses sind die Fälle, die dem Polizeibeamten dienstlich und außerdienstlich unzählige Male begegnen. Er soll durch sein Wissen und Können jedem einzelnen Volksgenossen Berater und Helfer sein. Wer das tut, der hilft der Allgemeinheit. Er hilft aber auch sich selbst und seinen Berufskameraden dadurch, daß er durch sein Tun und Handeln die Grundlage des Vertrauens schafft, dessen er für seine polizeiliche Tätigkeit bedarf.

Nichts ist mehr geeignet, das Vertrauen des einzelnen zur Polizei zu erschüttern, als eine Ablehnung auf eine Frage nach Rat und Hilfe. Die Enttäuschung, die der Bittende damit erleidet, wird er oft lange nicht überwinden. Wer in Not ist, wer von dem Polizeibeamten Hilfe erwartet, der soll diese Hilfe in jedem Falle bei ihm finden. Ein freundliches Wort, ein Blick genügen vielfach schon, den anderen wieder Vertrauen fassen zu lassen, Vertrauen zu sich selbst und zu seinen Mitmenschen. Immer muß der Polizeibeamte daran denken, daß der Volksgenosse ja zu ihm kommt, weil er selbst sich nicht mehr zu helfen weiß. Er sieht in dem Beamten den Starken, der helfen kann, er muß helfen! Da gibt es keine Zuständigkeitsfragen, sondern nur einen Gedanken: Das Vertrauen, das den anderen mit der Bitte um Hilfe zu dir führt, muß gerechtfertigt werden. Darum darf der Polizeibeamte niemals ihm vorgetragene Wünsche nur mit der Erklärung ablehnen, er selbst oder die Polizei als solche seien nicht zuständig. Kann er durch sein eigenes Handeln, durch polizeiliches Einschreiten nicht helfen, dann muß von ihm aber mit Recht verlangt werden, daß er den Hilfesuchenden an die Stelle verweist, die für die Hilfe zuständig ist, die helfen kann. Ein solcher Rat ist schon Hilfe, denn der in Not Befindliche schöpft aus diesem Rat neue Hoffnung.

Wenn man so manchesmal den Ausspruch hört: Die Polizei ist Mädchen für alles, dann wollen wir stolz auf diesen Ehrentitel sein, er ist ein Beweis des Vertrauens zur Polizei, ein Beweis dafür, daß die Polizei im Volke wurzelt und verstanden wird. Damit wird der Polizeibeamte Verständnis für polizeiliche Tätigkeit und polizeiliche Notwendigkeit in jedem einzelnen wecken, und er wird dann dieses Verständnis auch in den Fällen finden, in denen er einmal zum Einschreiten berufen ist.

VII. Vernachlässige nicht den äußeren Menschen, er ist das Spiegelbild des inneren.

Das äußere Auftreten eines Menschen ist vielfach von ausschlaggebender Bedeutung dafür, ob er im Leben Erfolg und Anerkennung findet. Das soll nun aber nicht bedeuten, daß jemand glaubt, für den Erfolg im Leben alles Notwendige getan zu haben, wenn er etwa auf Äußerlichkeiten Wert legt. Auf den äußeren Menschen achten, ihn nicht vernachlässigen, heißt nicht etwa, Äußerlichkeiten herausstellen, um so durch äußerliches

Auftreten innere Mängel zu verdecken. Leider läßt sich aber mancher durch Äußerlichkeiten blenden - hält oberflächlichen Schein für wahren Wert, und so glaubt er irrigerweise, er müßte auf Äußerlichkeiten Wert legen, wenn von ihm mit Recht verlangt wird, daß er seinen äußeren Menschen nicht vernachlässigen soll.

Dagegen muß bewußt Stellung genommen werden, denn sonst ist die Gefahr, die Überschätzung von Äußerlichkeiten, zu groß, und der Blick, den gerade auch der Polizeibeamte für den inneren Wert eines Menschen haben soll, wird getrübt. Wer aber als Charakter und Persönlichkeit wertvoll ist, der wird auf in die Augen fallende Äußerlichkeiten keinen Wert legen, weil er weiß, daß derartige Äußerlichkeiten nichts mit dem inneren Menschen zu tun haben. Wer aber charakterlich gerade und sauber ist, wird insoweit auf seinen äußeren Menschen Wert legen, als dieses seiner geraden Charaktereinstellung entspricht.

Es wäre ein Widerspruch in der Persönlichkeit, wenn jemand, der dienstlich und außerdienstlich seinen geraden Weg geht, der in seiner Arbeit, seinem Schaffen seine innere Befriedigung findet, nun darüber ganz vergessen würde, daß er an seinem äußeren Auftreten diesem, seinem inneren Menschen zu entsprechen hat.

Das hat nicht mit Äußerlichkeiten zu tun; Äußerlichkeiten, die - wie der Name schon sagt - nur an der Oberfläche haften und niemals in die Tiefe gehen. Daher kann auch derjenige Wert auf den äußeren Menschen legen, der nicht mit Geldwerten gesegnet ist. Wie oft sehen wir auf der Straße den Volksgenossen im einfachen Kleid der Arbeit, dessen innere Werte wir dann erkennen, wie er dieses, sein Arbeitskleid trägt und wie er es hält. Nicht ein neuer Anzug macht den Menschen, wohl aber ein sauberer Anzug. Wer innerlich sauber ist, wird auch auf äußerliche Sauberkeit Wert legen. So ist der äußere Mensch das Spiegelbild des inneren. Wer stolz auf äußerlichen Schmuck ist, wer den Menschen nach neuen Kleidern beurteilt, zeigt, daß er keinen Blick für echte Werte hat, daß er an Äußerlichkeiten haften bleibt. Wer selbst so urteilt, besitzt nur selten eigene innere Werte. Wer dagegen selbst innere Werte besitzt, läßt sich nicht durch Äußerlichkeiten blenden, wohl wird er aber einen Blick dafür haben, daß, wie er selbst, so auch der andere Wert darauf legt, sein äußerliches Auftreten seinem inneren Denken und Empfinden anzupassen. In diesem Sinne ist der äußere Mensch das Spiegelbild des inneren, und wer so Wert darauf legt, den äußeren Menschen nicht zu vernachlässigen, bei dem wird man von dem äußeren Menschen auf den inneren Rückschluß ziehen können.

Der Polizeibeamte soll im und außer Dienst in seinem persönlichen Leben Vorbild sein. Er soll sauber und gerade sein; darum wird er Wert darauf legen, diese für seinen Dienst grundlegende Charaktereigenschaft auch in seinem äußeren Auftreten, in seiner äußeren Erscheinung zum Ausdruck zu bringen.

Wenn deshalb die Grundsätze für die Polizei von dem Polizeibeamten verlangen: „Vernachlässige nicht den äußeren Menschen, er ist das Spiegelbild des inneren“, so nicht einiger leichter, falsch verstandener Äußerlichkeiten wegen. Nicht das Sonntags-gewand zeigt den Wert des Menschen, sondern sein Arbeitskleid. Wie er aber dieses, wie der Polizeibeamte seinen Dienstrock trägt, wie er ihn hält, das ist der Spiegel, in dem man den inneren Menschen erkennt.

VIII. Sei gehorsam Deinen Vorgesetzten, ein Vorbild Deinen Untergebenen, halte Manneszucht und pflege Kameradschaft.

Lange Jahre ist von deutschfremden Elementen versucht worden, uns einzureden, daß höchstes irdisches Gut des einzelnen das eigene „Ich“ sei. Die „Ich“-Persönlichkeit stand über allem. Unterordnung galt als unwürdig. Unserem Führer danken wir es, daß diese Irrlehre als solche erkannt wurde, ihm danken wir die Erkenntnis, daß freiwillige Unterordnung, daß Gehorsam nicht ein Mangel, sondern eine Tugend sind. Wer treu zum Führer steht, steht treu zu denen, die wiederum vom Führer zum Führen berufen wurden. Daher ist es für den Polizeibeamten, der dem Führer die Treue geschworen hat, eine Selbstverständlichkeit, daß er diesen Schwur dadurch heiligt, daß er die Befehle des Führers bedingungslos ausführt. Dann ist aber der Polizeibeamte auch denen gehorsam, die ihm als Vorgesetzte zu befehlen haben. Doch wer befiehlt, muß selbst gehorchen können.

„Ich bin der erste Diener meines Staates, ich diene, selbst wenn ich Herrscher bin."

Dieser Ausspruch Friedrichs des Großen ist der wahre Ausdruck deutschen Empfindens und deutschen Denkens im Gegensatz zu dem Gedanken Ludwigs des XIV, der darin seinen Ausdruck fand, daß er betonte: „Der Staat bin ich!"

Wer deutsch fühlt, weiß, daß er der wirkliche Vorgesetzte sein kann, der auch im Gehorchen die Tugend besitzt, die er von seinem Untergebenen verlangt. So stehen „befehlen" und „gehorchen" in engstem geistigen Zusammenhang. Wer das erfaßt hat, der erkennt den wahren Sinn der Worte der Grundsätze:

Sei gehorsam deinen Vorgesetzten, ein Vorbild deinen Untergebenen!

Ein Staat kann sich nur in der Welt behaupten, wenn diese Grundgedanken Gemeingut jedes einzelnen Staatsbürgers geworden sind. Nicht rücksichtsloser Egoismus kann ein Volk groß machen, sondern nur die Unterordnung unter die Gesetze, die für das Leben der Gemeinschaft galten.

Dieser Gedanke freiwilliger Unterordnung muß aber so Gemeingut jedes einzelnen werden, daß er stets nach ihm lebt, gleichgültig, wer und wie er sei.

Gilt das für jeden Staatsbürger, so noch mehr für den Polizeibeamten. Dabei ist für ihn aber ganz besonders bedeutsam, daß Gehorsam nur dann die Tugend ist, wenn der, der gehorchen soll, jederzeit dem Befehl nachzukommen bereit ist, gleichgültig, ob etwa ein Vorgesetzter die Durchführung nachprüft oder nicht. Wer so handelt, wird damit auch andere beeinflussen. Er schafft die Grundlage für die Manneszucht, die Voraussetzung einer gedeihlichen Polizeitätigkeit ist. Manneszucht verlangt Selbstbeherrschung, verlangt Beachtung der Gesetze, die für die Gemeinschaft eben gegeben sind.

Verlangt die Manneszucht aber Beherrschung gegenüber sich selbst, gegenüber eigenen Wünschen, so verlangt die Kameradschaft im Rahmen der Gemeinschaft ein Zurückstellen eigener Wünsche gegenüber dem Wohl und Wehe der Berufskameraden.

Wer anderen helfen und beistehen soll, wie der Polizeibeamte, der zum Schutz der Volksgenossen berufen ist, der wird zuerst einmal treu zu seinen Kameraden stehen. Er wird ihnen helfen, er wird für sie eintreten. Wer das kann, wer so wahre Kameradschaft pflegt, der schafft als Polizeibeamter an sich selbst die Grundlage für seine Berufsausübung.

IX. Du bist als Träger einer Waffe der größten Ehre des deutschen Mannes teilhaftig, sei dessen stets eingedenk.

Soweit man die deutsche Geschichte zurückverfolgt, immer wieder findet man, daß der Deutsche seine Geltung und seinen Rang in der Welt gegen seine Feinde mit der Waffe verteidigen mußte. Immer wieder finden wir es aber auch, daß der deutsche Mann freudig zur Waffe griff, wenn es galt, seine Heimat, Haus und Hof und die seiner Volksgenossen zu verteidigen und für seine Freiheit zu kämpfen.

So war es in alter Zeit, und wir finden die Beispiele in der Geschichte eines jeden der alten Germanenstämme, die bis zum letzten Blutstropfen sich für ihre Heimat einsetzten. In Jahren der Schmach und Unterdrückung, in denen es fast schien, als ob diese Tradition, die Grundtugenden des Deutschen, Tapferkeit und Liebe zur Heimat, verloren gegangen seien, da finden wir doch, wie unmittelbar vor der Vernichtung ihres Deutschtums unsere Vorfahren sich aufrafften, wie es ihnen wieder gelang, fremdes Joch abzuschütteln und ihre Geltung zu behaupten.

Und immer waren es die Besten des Volkes, die mit der Waffe in der Hand für ihre Freiheit eintraten; die lieber ihr Leben opferten, ehe sie ihre Ehre und Freiheit hergaben. Und so ist es geblieben. Als unser deutsches Vaterland sich eine Welt von Feinden gegenüber sah, als es schien, daß die Übermacht der Gegner sowohl an Menschenzahl wie an Kriegsmaterial Deutschland zermalmen müßten, da gelang es dem deutschen Soldaten, die Heimat vom Feinde frei zu halten.

Doch das Verhängnis des Deutschen war es vielfach, daß gerade nach solchen Großtaten ein Rückschlag kam. So auch dieses Mal. Trotz der heroischen Leistungen im Weltkriege, trotz Opfer an Blut und Gut, die das Volk dem Vaterland brachte und die es gerade in der Not hätte zusammenschweißen müssen, kam der Zerfall.

Da aber zeigte es sich, daß der Retter aus der Not seinem Volke nahe war. In letzter Minute gelang es dem Führer, sein deutsches Volk vor dem unmittelbar drohenden Untergang zu bewahren, es von dem Abgrund der Vernichtung zurückzureißen. Und wieder war dieser Führer einer der Männer, wie wir sie so selten in der Geschichte treffen, die aber immer Träger der Waffe für die

Freiheit und Ehre waren. Wie der Führer für sein deutsches Vaterland im Weltkriege gekämpft und geblutet hatte, so kämpfte er mit seinen Getreuen einen fast aussichtslosen Kampf gegen die Überzahl aller Feinde. Und wieder siegte nicht die Zahl, sondern der Geist, der sich durchsetzte und die Waffe mit sich riß.

Wir als Polizeibeamte haben in erster Reihe in der Gefolgschaft des Führers zu stehen. Wie die deutsche Geschichte uns beweist, war es stets größte Ehre des deutschen Mannes, Träger einer Waffe zu sein. Nicht deshalb, weil er als Eroberer auftreten sollte, weil er anderen sein Volktum aufzwingen wolle, sondern nur, um seine Heimat, sein Volk und sein Vaterland zu verteidigen.

In diesem Sinne trägt der Polizeibeamte seine Waffe. Er wird sie gebrauchen, wenn es heißt: Führer, Volk und Vaterland verteidigen!

Nicht leichtsinnig gebraucht der deutsche Mann die Waffe, nicht um kleinlicher Händel und Ränke willen. Wenn es aber heißt, zur Verteidigung seines Volkstums aufzustehen, dann gibt es für den deutschen Mann nur eines: Siegen oder sterben!

Diese Tradition, überkommen von deutschen Vorfahren, soll uns immer vor Augen stehen. In ihren Gedankengängen wollen wir als Polizeibeamte unsere Pflicht bis zum Letzten erfüllen:

Du bist als Träger einer Waffe der größten Ehre des deutschen Mannes teilhaftig, sei dessen stets eingedenk.

X. Schule Dich und arbeite an Dir - Wer viel leistet, wird anerkannt - Anerkennung sei Dein höchster Stolz.

Leben heißt Kampf und Arbeit. Nur wer sich mit ganzer Persönlichkeit einsetzt, wird im Leben bestehen können, wird die Befriedigung erlangen, die ihm der in schwerer Arbeit errungene Erfolg sichert. Aber nicht Kampf aller gegen alle soll Lebensziel und Lebensaufgabe sein, denn der einzelne gilt nur im Rahmen des Ganzen. Daher hat der Nationalsozialismus in grundsätzlicher Abkehr liberalistischer Gedanken das Streben und Wollen des einzelnen Volksgenossen den Interessen der Allgemeinheit untergeordnet. Zuerst kommen Volk und Vaterland, dann erst ich selbst. Im Rahmen der Gemeinschaft bleibt mein Arbeitsraum, den auszufüllen ich mit allen Kräften bestrebt sein muß. Wenn dabei dem einzelnen Beschränkungen auferlegt werden, so deshalb, weil Grundgedanke unseres völkischen Lebens der Gemeinschaftsgedanke ist, d.h. die gleichwertige Anerkennung der Arbeit jedes einzelnen Volksgenossen, die er eben im Rahmen dieser Gemeinschaft leistet. Das Volk kann nur leben, wenn jeder, gleichgültig auf welchen Platz er gestellt ist, sich voll dem ihm gezogenen Aufgabenkreis widmet.

Darin liegt auch die Anerkennung der Arbeit desjenigen begründet, der glaubt, an weniger wichtiger Stelle zu stehen. Es gibt keine Arbeitsplätze, die wichtig oder unwichtig sind. Keine Arbeit im Rahmen der Gemeinschaft, gleichgültig welcher Art, ist überflüssig. Sie ist notwendig für die Gemeinschaft und wird als solche ihre Anerkennung finden.

Grundbedingung dafür ist allerdings volle Hingabe an den Beruf. Wer danach strebt, für die Gemeinschaft und damit für sich selbst Höchstes zu leisten, wird die Anerkennung seiner Arbeit erwarten dürfen, deren sie wert ist. Um aber diese Höchstleistung zu vollbringen, ist es notwendig, daß jeder einzelne Volksgenosse an sich selbst wiederum arbeitet, um immer mehr in seinen Aufgabenkreis hineinzuwachsen, ihn immer mehr auszufüllen.

Geistige Schulung, Erziehung in den Grundgedanken, die für das Gemeinschaftsleben der deutschen Nation gelten, ist Voraussetzung dafür, daß der einzelne seinen Aufgaben gewachsen ist. Diese geistige Grundeinstellung bedarf aber der Ergänzung durch Fachleistungen.

Darum verlangen die Grundsätze für die Polizei von dem Polizeibeamten: Schule dich und arbeite an dir! Sorge dafür, daß du die weltanschaulichen Gedanken des Nationalsozialismus in dich aufnimmst, daß du erkennst, warum diese Gedanken Grundlage unseres völkischen Lebens sein müssen. Dann fülle aber diese Gedanken aus in deinem Schaffen für Volk und Vaterland. Nur wer bestrebt ist, sich fachlich weiterzubilden, wird das können.

4.2. Demokratie: Zehn Thesen zum Ethos der Polizeiarbeit[21]

1. Die Frage nach dem Ethos der Polizeiarbeit ist die Frage nach dem intersubjektiv vermittelbaren und subjektiv (auch für den Polizeibeamten) erfahrbaren Sinn polizeilicher Tätigkeit im demokratischen Gemeinwesen. Ethos bedeutet nicht nur „Sitte", „Brauch", „Charakter", ist hier vielmehr ein normativer Begriff.

2. Ein solcher, die polizeiliche Arbeit leitender Begriff erfordert klare Vorstellungen a) von der *Aufgabe* und b) von den *Mitteln* der Polizei. Diese können nur in Abhängigkeit von dem geltenden Staats- und Verfassungs-, damit auch Grundrechtsverständnis entwickelt werden. Insofern ist „Polizei" primär und fundamental Gegenstand der *Staats*rechtswissenschaft und erst sekundär der Verwaltungs- und Verwaltungsrechtswissenschaft. Otto Mayers Spruch „Verfassungsrecht vergeht, Verwaltungsrecht besteht" ist insoweit falsch. Absolutistische Wohlfahrtspolizei, nationalsozialistische Unterdrückungspolizei und rechtsstaatlich- demokratische Polizei sind in Aufgabenstellung und Mittelverwendung grundverschieden[1].

3. Zu den Aufgaben

Es ist Aufgabe der Polizei, die *vorhandenen* Rechtsgüter - öffentliche, u. U. aber auch private - vor Beeinträchtigungen zu schützen, Schäden zu beseitigen, um weitere Schäden zu verhüten, und Schadenswahrscheinlichkeiten (sog. „Gefahren") auszuräumen. Es ist *nicht* Aufgabe der Polizei, den Bestand an Rechtsgütern zu vermehren, erst recht nicht, irgendwelche Vorstellungen von einer idealen Gesellschaft durchzusetzen oder die

---

[21] Erhard Denninger, Zehn Thesen zum Ethos der Polizeiarbeit, in: JA 3 (1987), 131 – 133, Nachweise (Endnoten) s. u., S. 137 f.

öffentliche Moral bessern zu wollen, weder in politischer, weltanschaulich- religiöser noch in sexualethischer Hinsicht. Die Polizei hat Auseinandersetzungen zu diesen Fragen hinzunehmen, ja, durch Gewährleistung des inneren Friedens zu ermöglichen, nicht aber Partei zu ergreifen oder selbst ein Idealbild zu verfolgen. (Historisches Gegenbeispiel: Während der napoleonischen Kriege war es in Hessen- Darmstadt bei Strafe verboten, von dem Kriege, der im Lande war, auch nur zu reden!) Gute Formulierung von Michael Kniesel: „Demokratie ist keine polizeilich geregelte Veranstaltung des Staates mit dem Bürger als Besucher“[2].

4. Polizeitätigkeit muß also in erster Linie Schadensverhütung sein, - *Prävention*[3]. Dieser Begriff trägt aber in sich kein Maß; er allein könnte zu einer grenzenlosen Ausweitung der Polizeiarbeit führen. Zur perfekten Prävention müßte die Polizei allwissend sein, alles und pausenlos beobachten. Ein schrankenloses Datensammeln „auf Vorrat“, vor allem über das Verhalten der Bürger, wäre die Folge. Orwells „großer Bruder“ läßt dann grüßen![4] „Prävention“ ermöglicht aber auch keine scharfe Abgrenzung zur „Repression“, zur Verfolgung bereits begangener Straftaten. Denn diese enthält immer auch ein Stück Prävention, wenn man dem Satz huldigt, der Straftäter von heute sei der Verbrecher von morgen. Der Blankettbegriff „vorbeugende Straftatbekämpfung“, der eine an sich legitime Polizeiaufgabe beschreibt, bedarf der *beschränkenden Ergänzung*. Sonst wird er zum Einfallstor für polizeiliche Omnipräsenz, was heute nicht mehr körperliche Anwesenheit bedeuten muß, sondern weitgehend durch elektronische Informationsmacht ersetzt wird. Beispiel: Bliebe der Präventionsbegriff ohne zusätzliche Schranken, könnte die Polizei unter dem Titel der vorbeugenden Verbrechensbekämpfung das ganze Baugenehmigungswesen, auch die Stadtbauplanung, an sich ziehen - mit dem Argument, sie müsse die Entstehung kriminogener Wohnverhältnisse verhüten usw. Im übrigen sollte an der

Doppelfunktionalität zahlreicher polizeilicher Maßnahmen, die eben oft zugleich präventiven und repressiven Charakter tragen, nicht gezweifelt werden[5].

Auf der anderen Seite kann die Polizeitätigkeit nicht auf die Abwehr einer konkreten, im Einzelfall bestehenden Gefahr beschränkt werden: Als Widerpart des organisierten Verbrechens, bei der Terrorismus- oder Rauschgiftbekämpfung muß sie ihre Fahndungs- und Beobachtungsmethoden der Langfristigkeit und Weiträumigkeit der gegnerischen Strategien anpassen.

Der Begriff der Prävention kann aber in einem weiteren und einem engeren Sinne gebraucht werden. Im herkömmlichen, engeren Verständnis meint er den Bereich der „Gefahrenabwehr", in dem es um die Abwehr einer „im einzelnen Falle bestehenden" (konkreten) Gefahr geht. Das neuere, weitere Begriffsverständnis schließt auch den kaum abgrenzbaren Bereich der Gefahrenvorbeugung oder *„Gefahrenvorsorge"*, also der „Vorbereitung auf die Gefahrenabwehr" ein, wie § 1 Abs. 1 Satz 2 des Vorentwurfs zur Änderung des Musterentwurfs eines einheitlichen Polizeigesetzes des Bundes und der Länder gemäß Beschluß der Innenministerkonferenz vom 25. November 1977 (Stand: 12. März 1986) ihn definiert.

Für den Bereich der traditionellen Gefahrenabwehr war es rechtsstaatlich unbedenklich, jedenfalls erträglich, die Eingriffsbefugnisse der Polizei in einer (subsidiär, falls spezielle Eingriffsnormen fehlten, heranzuziehenden) *Generalklausel* festzulegen. Denn deren Elemente sind in einer über viele Jahrzehnte hin sich entwickelnden Rechtsprechung geklärt worden: Vor allem konnte stets das Übermaßverbot mit seinen drei Elementen der Geeignetheit, Erforderlichkeit und Verhältnismäßigkeit des Mittels als Korrektiv eingesetzt werden, weil eine konkrete Gefahr in einer konkreten Situation zur Beurteilung anstand. Dies galt selbst noch, wenngleich in bescheidenerem Maße, für die

Ermächtigung zum Erlaß von Polizeiverordnungen, weil die „abstrakte Gefahr“ als Voraussetzung für den Erlaß einer solchen Verordnung sich von der „konkreten Gefahr“ der Polizeiverfügung nicht durch ihr „Unwahrscheinlichkeit“ oder gar ihre „Unbestimmtheit“ unterscheiden sollte, sondern lediglich durch ihren „vorgestellten“, hypothetischen Charakter. Die Gefahrenlage der „klassischen“, rechtsstaatlichen Polizei-verordnung ist gewissermaßen die konkrete Gefahr als bloße Hypothese, also mit einem minderen Realitätsmodus. Anders verhält es sich mit der „Gefahrenvorsorge“: eine konkrete Gefahrensituation existiert hier noch nicht einmal in der Vorstellung, sondern die Polizei handelt „auf Vorrat“, „in eventum“, wobei sie noch nicht weiß, wie dieses aussehen wird. Da die polizeiliche Situation noch keine Konturen und Grenzen hat, kann auch das Übermaßverbot als Maßstab und Korrektiv noch nicht sinnvoll eingesetzt werden. Deshalb darf hier die Handlungsbefugnis der Polizei nicht in einer Generalklausel normiert werden, will man ihr nicht eine rechtsstaatlich unerträgliche Blankovollmacht erteilen. Wann immer Grundrechtseingriffe in Betracht kommen, braucht die Polizei deshalb in diesem weiteren Bereich der Prävention eine rechtssatzförmige *Spezialermächtigung.* Dies wird insbesondere für das Erheben, Speichern (Sammeln) und Verwenden von personenbezogenen Daten von Bedeutung (vgl. z. B. § 81 b 2.Alt. StPO, § 10 MEPoLG und die entsprechenden Vorschriften der Landespolizeigesetze).

Im Verhältnis zu anderen Behörden, zur Justiz und zu Privaten muß der Grundsatz der Subsidiarität des polizeilichen Rechtsgüter schutzes ernst genommen werden, aber wiederum nicht in der Weise, daß mächtige Private eigene Schutztruppen aufstellen können, die nach Faustrecht und in Selbstjustiz zu operieren beginnen.[6]

5. Zu den Mitteln

Polizei verkörpert und repräsentiert in hervorgehobener Weise die „Staatsgewalt", die *Gewalt des Staates,* seine Fähigkeit und seine Befugnis zur - nötigenfalls - gewaltsamen Durchsetzung verbindlicher Anordnungen. Diese Vorstellung der Verfügung über Gewalt haftet am Begriff der Polizei, auch dort, wo sie, wie das die Regel ist und sein soll, ohne Gewalteinsatz ihre Arbeit verrichtet. Das ist in der Sache begründet. Das Ethos der polizeilichen Arbeit entscheidet sich an der Einstellung zur Ausübung staatlicher Gewalt. Hier wurzeln auch die besonderen psychischen Anforderungen, die der Beruf des Polizeibeamten stellt. Ich darf dies in drei Schritten erläutern:

6. *a)* Zu den elementaren Einsichten der modernen Staatstheorie von *Th. Hobbes* bis *Max Weber* gehört der grundlegende Zusammenhang von 'protection' und 'obedience', von bürgerlichem Rechtsgehorsam und staatlicher Schutzpflicht. Es ist nicht die einzige, aber logisch und auch historisch gesehen die erste Errungenschaft, Leistung und Aufgabe des modernen Staates, den ewigen Bürgerkrieg, das Faust- und Fehderecht, den Kampf aller gegen alle zu überwinden. Der Staat muß stark genug sein, eine „innenpolitische Friedlichkeitsgrenze" aufrichten und gewährleisten zu können. Er muß in der Lage sein, die Beachtung der Rechtsordnung, vor allem auch zugunsten der Schwächeren und der Minderheiten, notfalls erzwingen zu können[7]. Das BVerfG hat die Funktion des Staates als verfaßte Friedens- und Ordnungsmacht und die von ihm zu gewährleistende Sicherheit seiner Bevölkerung als unverzichtbare Versassungswerte anerkannt, „weil die Institution Staat von ihnen die eigentliche und letzte Rechtfertigung herleitet"[8].

Dies bedeutet zweierlei: Die staatliche Schutzverpflichtung rechtfertigt das legale *Monopol* physischer Gewaltanwendung (M. Weber), und staatliche Gewalt muß aktuell und potentiell

„unwiderstehlich“ sein. Der Staat kann vorübergehend, situativ, auf sofortige Befehlsdurchsetzung verzichten (etwa, um auf diese Weise bedrohte Rechtsgüter, das Leben einer Geisel, aussichtsreicher schützen zu können oder um in der Zwischenzeit eine „politische Lösung“ eines Konflikts herbeizuführen), aber er muß beim Bürger die Überzeugung aufrechterhalten, daß er auf längere Sicht stets den längeren Atem und Arm hat, daß er zu wirksamem Rechtsgüterschutz in der Lage ist. Das gilt übrigens auch für den Schutz nach außen. Die Rechtsgehorsamspflicht des Bürgers steht und fällt mit dieser Schutzleistung. Dazu bedarf es nicht der fragwürdigen Konstruktion eines „Grundrechts auf Sicherheit“[9].

7. *b)* Zweiter Schritt: Der bisher skizzierte Staat ist der Hobbes' sche *absolute* Staat, noch nicht der freiheitliche demokratische. In der Hobbes' schen Logik liegt es, den Rechtsbrecher spätestens im Wiederholungsfalle physisch zu vernichten. Die Dosierung des Gewalteinsatzes ist hier kein Rechts- und kein moralisches Problem, sondern nur eine Kostenfrage.

Der Staat, der *uns* von Verfassungs wegen zur Verwirklichung aufgegeben ist und in dem wir leben wollen, muß Gewaltmonopol und Unwiderstehlichkeit mit *absoluten* und *relativen* Begrenzungen des Gewalteinsatzes verknüpfen. Das ist das grundlegende Dilemma einer rechtsstaatlichen Polizei, das ihr Ethos subjektiv wie objektiv prägt. Die absolute Grenze wird durch das Gebot der Achtung und des Schutzes der Menschenwürde bezeichnet, das auch das Verbot der vorsätzlichen Tötung eines Menschen einschließt. Zur Achtung der Menschenwürde gehört auch, daß der einzelne Bürger, der sich, etwa im Polizeigewahrsam oder bei der Vernehmung oder ed- Behandlung wehrlos der Polizei gegenübersieht, sicher sein darf, daß seine physische und psychische Integrität gewahrt wird, auch dann, wenn er ohne Anwalt und ohne außerpolizeiliche Zeugen ist. Die Befriedigung der leiblichen Notdurft darf nicht verweigert werden usw. All dies gilt für Altstadt- Penner und Dealer ebenso wie für Raubmörder, Terroristen oder Demonstranten. Vorkommnisse wie der „Hamburger Kessel“ mit allen Begleitumständen verstoßen nicht nur gegen das Über-maßverbot, sondern in Einzelerscheinungen auch gegen den Menschen-würdesatz“[10]. Dieses Gebot verträgt auch keine Ausnahmen, etwa im Sinne der Anerkennung „bedauerlicher, aber unvermeidlicher Härten im Einzelfall“. Auch wo polizeilich „gehobelt“ wird, dürfen solche Späne nicht fallen. In dieser Hinsicht kann die *Ausbildungsarbeit* gar nicht intensiv genug sein.

Die relativen Grenzen polizeilicher Zwangsanwendung ergeben sich aus den Gesetzen und verfassungsrechtlich aus dem Über-maßverbot, oft bloß Verhältnismäßigkeitsprinzip genannt. Theoretisch ist es eine Selbstverständlichkeit, daß auf wehrlos am Boden liegende Demonstranten oder auch Gewalttäter, die Steine geworfen haben, nicht mehr eingeschlagen werden darf, daß sie nicht getreten werden dürfen. Wie sieht die Praxis aus? Im Fernsehen waren Bilder zu sehen, die ich lieber nicht gesehen hätte! Polizeibeamte dürfen sich nicht provozieren lassen, sie dürfen nicht in Wut geraten, und wenn sie dies nicht vermeiden können, so dürfen sie doch niemals ihrer Wut freien Lauf lassen. Wie schon *Platon* in der „Politeia“ beschrieben hat[11] verlangt dies von den „Wächtern der Stadt“ psychologisch gesehen schier Unmögliches: Sie müssen zugleich hocheifrig, rasch und stark handelnd sein doch sanftmütig und philosophisch, d. h. lernbegierig und -fähig in jeder Situation. Bei Wind und Wetter, sommers wie winters, sonntags und nachts am Bauzaun oder an der Startbahn gegen gewalttätige Chaoten Dienst zu tun und dabei Verfassung und Gesetze einschließlich der Grundrechte genau-estens zu achten. Das ist das Ethos der Polizeiarbeit (in diesem Bereich). Ihren Sinn, ihren ideellen Lohn, ihre Würde hat sie darin, daß sie Demokratie ermöglicht und Rechtsstaatlichkeit verbürgt.

8. *c)* Der dritte Schritt führt zurück zum Anfang: Das Gewaltmonopol, das die Polizei zusammen mit den Trägern anderer staatlicher Funktionen verwaltet, muß *beständig legitimiert* werden nicht nur durch seine Intensität (seinen „Erfolg") und durch die Modalitäten seiner Praxis, sondern auch durch die *Motivation* derselben; verwaltungsrechtlich: durch die Freiheit von „inneren", nach außen nicht sichtbaren Ermessensfehlern. Polizei muß den Rechtsgüterschutz *unparteisch*, in diesem Sinne *neutral*, frei von eigenen politischen Zielsetzungen leisten. Sie muß eine friedliche Versammlung einer nicht verbotenen rechtsextremen Partei gegen linke Störer ebenso schützen wie umgekehrt. Natürlich muß sie in der tagtäglichen Praxis mit dem gleichen Maß messen, sie muß nach rechts ebenso wachsam blicken wie nach links.

9. Das Berufsethos der Polizeibeamten fordert Aufgeschlossenheit für neue „Lagen", aber auch für (mögliche) Fortschritte in der Entwicklung der Rechtsstaatlichkeit, d. h. für die Verfeinerung des Grundrechtsverständnisses, für die Anerkennung verfahrensmäßiger „Fairneß-" Gebote als rechtliche Gebote, für die Umsetzung relativ unbestimmter Rechtsgrundsätze (z. B. des Grundsatzes der Gewaltenteilung oder der Trennung von Verfassungsschutz und Polizei) in eine grundrechtsfreundliche Praxis. Die strikte *Legalität* (freilich unter Berücksichtigung der verfassungsrechtlich gebotenen Wertungen) bleibt dabei der verwaltungs- und disziplinarrechtliche Kontroll-Maßstab für das Handeln des Beamten; diese Rechtlichkeit gibt ihm das „ethische Minimum" in der Weise vor und auf, daß ihm keine „ethischen Höhenflüge" und kein sittliches Märtyrertum abverlangt werden dürfen. Zugleich aber kann die von seinem Berufsethos getragene, entwickeltere Einsicht in die Grundrechtsbelange des Bürgers dazu führen, daß ihm im Rahmen notwendiger Eingiffsmaßnahmen schonendere, verständnisvollere, an feineren ethischen Maßstäben entwickelte Alternativen

sichtbar werden. Diese müssen dann über den Rechtsbegriff der „Erforderlichkeit“ im Rahmen des Übermaßverbotes von Rechts wegen in die polizeiliche Lagebeurteilung Eingang finden.

Oder, aus der Sicht des Bürgers gesprochen: Der Bürger hat keinen unmittelbar einklagbaren Rechtsanspruch auf Verwirklichung einer die Legalität übersteigenden Moralität des polizeilichen Handelns. Aber Bestandteil des objektiven Verfassungsrechts ist die Erhaltung der Chance des Bürgers, in den Genuß der Auswirkungen der rechtsethischen Erkenntnisfortschritte der Polizei zu gelangen. Auf dem Weg über die Maßstäbe der „Geeignetheit“, „Erforderlichkeit“ (vor allem dieser) und der „Verhältnismäßigkeit“ gewinnt der Bürger mittelbar doch einen „Anspruch auf eine (im Sinne rechtsstaatlicher Sensibilität) optimale Polizei“.

10. Last, but not least, muß die Polizei durch eine geeignete *Öffentlichkeitsarbeit* die Schwierigkeiten ihrer Aufgabenerfüllung dem Bürger besser vermitteln als bisher[12]. Erziehungsarbeit nach innen und Aufklärungsarbeit nach außen: Polizeipraxis ist ein wichtiger Gradmesser für den Entwicklungs- stand der Rechtskultur eines Volkes. Sorgen wir also dafür, daß sie einen guten Stand anzeigt!

5. Außerpolizeiliche Codices

5.1. Deutsche Wehrmacht: Die Berufspflichten des deutschen Soldaten[22]

1. Die Wehrmacht ist der Waffenträger des deutschen Volkes. Sie schützt das Deutsche Reich und Vaterland, das im Nationalsozialismus geeinte deutsche Volk und seinen Lebensraum. Die Wurzeln ihrer Kraft liegen in einer ruhmreichen Vergangenheit, in deutschem Volkstum, deutscher Erde und deutscher Arbeit.

   Der Dienst in der Wehrmacht ist Ehrendienst am deutschen Volk.
2. Die Ehre des Soldaten liegt im bedingungslosen Einsatz seiner Person für Volk und Vaterland bis zur Opferung seines Lebens.
3. Höchste Soldatentugend ist der kämpferische Mut. Er fordert Härte und Entschlossenheit. Feigheit ist schimpflich, Zaudern unsoldatisch.
4. Gehorsam ist die Grundlage der Wehrmacht, Vertrauen die Grundlage des Gehorsams. Soldatisches Führertum beruht auf Verantwortungsfreude, überlegenem Können und unermüdlicher Fürsorge.
5. Große Leistungen in Krieg und Frieden entstehen nur in unerschütterlicher Kampfgemeinschaft von Führer und Truppe.
6. Kampfgemeinschaft erfordert Kameradschaft. Sie bewährt sich besonders in Not und Gefahr.

---

[22] Aus: Evangelisches Feldgesangbuch = HDv. 371, 9 – 10.

7. Selbstbewußt und doch bescheiden, aufrecht und treu, gottesfürchtig und wahrhaft, verschwiegen und unbestechlich soll der Soldat dem ganzen Volk ein Vorbild männlicher Kraft sein. Nur Leistungen berechtigen zum Stolz.
8. Größten Lohn und höchstes Glück findet der Soldat im Bewußtsein freudig erfüllter Pflicht. Charakter und Leistung bestimmen seinen Weg und Wert.

5.2. Wissenschaft: Ethik- Kodex der Deutschen Gesellschaft für Soziologie und des Berufsverbandes Deutscher Soziologen[23]

Präambel

Die Erarbeitung und Verbreitung soziologischen Wissens sind soziale Prozesse, die in jedem Stadium ethische Erwägungen und Entscheidungen erfordern. Dieser Bestandteile soziologischer Wissensproduktion, -verwendung und -weitergabe sollten sich Soziologinnen und Soziologen stets bewußt sein.

Der Ethik- Kodex lebt von seiner ständigen Diskussion und seiner Anwendung durch die Angehörigen der soziologischen Profession. Er soll dazu beitragen, die Soziologie in Deutschland weiter zu professionalisieren. Der Kodex formuliert einen Konsens über ethisches Handeln innerhalb der professionellen und organisierten Soziologie in Deutschland. Er benennt die Grundlagen, auf denen die Arbeit der Ethik- Kommission beruht.

Dieser Kodex soll dazu dienen, Soziologinnen und Soziologen für ethische Probleme ihrer Arbeit zu sensibilisieren und sie zu ermutigen, ihr eigenes berufliches Handeln innerhalb der professionellen und organisierten Soziologie in Deutschland. Er benennt die Grundlagen, auf denen die Arbeit der Ethik-Kommission beruht.

Dieser Kodex soll dazu dienen, Soziologinnen und Soziologen für ethische Probleme ihrer Arbeit zu sensibilisieren und sie zu

---

[23] Vgl. dazu: Ethik-Kodex der Deutschen Gesellschaft für Soziologie (DGS) und des Berufsverbandes Deutscher Soziologinnen und Soziologen (BDS), Stand 10. Juni 2017. Download 31.03.2018-http://www.soziologie.de/de/die-dgs/ethik/ethik-kodex.html).

ermutigen, ihr eigenes berufliches Handeln kritisch zu prüfen. Insbesondere sind die universitär tätigen Soziologinnen und Soziologen aufgefordert, dem wissenschaftlichen Nachwuchs und den Studierenden die Elemente berufsethischen Handelns zu vermitteln und sie zu einer entsprechenden Praxis anzuhalten.

Zugleich schützt dieser Ethik- Kodex vor Anforderungen und Erwartungen, die in verschiedenen Situationen von Untersuchten, Studierenden, Mitarbeitern, Kollegen sowie privaten und öffentlichen Auftraggebern an soziologische Forschung und Praxis gestellt werden und in ethische Konflikte führen könnten.

Personen, die unter Berufung auf diesen Kodex Beanstandungen bei der Ethik- Kommission vorbringen, dürfen wegen der Ausübung dieses Rechts keine Benachteiligungen erfahren.

Um die in der Präambel genannten Ziele zu erreichen, bestätigen und unterstützen die Mitglieder der „Deutschen Gesellschaft für Soziologie“ und des „Berufsverbandes Deutscher Soziologen“ den folgenden Ethik- Kodex.*

----

* Dieser Ethik- Kodex wurde gemeinsam mit dem Vorsitzenden der Gesellschaft für Soziologie (Ostdeutschland), der der Kommission zur Entwicklung eines Ethik- Kodex' angehörte, erarbeitet und in der GfS mit dem Vorstand und einer Reihe weiterer Mitglieder abgestimmt.

I. Forschung

A. Integrität und Objektivität

(1) Soziologinnen und Soziologen streben in Ausübung ihres Berufes nach wissenschaftlicher Integrität und Objektivität. Sie sind den bestmöglichen Standards in Forschung, Lehre und sonstiger beruflicher Praxis verpflichtet. Geben sie fachspezifische Urteile ab, sollen sie ihr Arbeitsgebiet, ihren Wissensstand, ihre Fachkenntnis, ihre Methoden und ihre Erfahrungen eindeutig und angemessen darlegen.

(2) Bei der Präsentation oder Publikation soziologischer Erkenntnisse werden die Resultate ohne verfälschende Auslassung von Ergebnissen dargestellt. Einzelheiten der Theorien, Methoden und Forschungsdesigns, die für die Einschätzung der Forschungsergebnisse und der Grenzen ihrer Gültigkeit wichtig sind, werden nach bestem Wissen mitgeteilt.

(3) Soziologinnen und Soziologen sollten in ihren Publikationen sämtliche Finanzierungsquellen ihrer Forschungen benennen. Sie gewährleisten, daß ihre Befunde nicht durch spezifische Interessen der Geldgeber verzerrt sind.

(4) Soziologinnen und Soziologen machen ihre Forschungsergebnisse nach Abschluß der Analysen in geeigneter Weise öffentlich zugänglich. Dies gilt nicht in Fällen, in denen das Recht auf den Schutz vertraulicher Aufzeichnungen verletzt werden würde. In Fällen, in denen die Pflicht zur Amtsverschwiegenheit oder der Anspruch des Auftraggebers das Recht zur Veröffentlichung eingrenzen, bemühen sich Soziologinnen und Soziologen darum, den Anspruch auf Veröffentlichung möglichst weitgehend aufrechtzuerhalten.

(5) Soziologinnen und Soziologen dürfen keine Zuwendungen, Verträge oder Forschungsaufträge akzeptieren, die die in diesem Kodex festgehaltenen Prinzipien verletzen.

(6) Sind Soziologinnen und Soziologen, auch Studierende, an einem gemeinsamen Projekt beteiligt, werden zu Beginn des Vorhabens bezüglich der Aufgabenverteilung, der Vergütung, des Datenzugangs, der Urheberrechte sowie anderer Rechte und Verantwortlichkeiten Vereinbarungen getroffen, die von allen Beteiligten akzeptiert werden. Diese können im Fortgang des Projekts aufgrund veränderter Bedingungen einvernehmlich korrigiert werden.

(7) In ihrer Rolle als Forschende, Lehrende und in der Praxis Tätige tragen Soziologinnen und Soziologen soziale Verantwortung. Ihre Empfehlungen, Entscheidungen und Aussagen können das Leben ihrer Mitmenschen beeinflussen. Sie sollen sich der Siutationen und immanenten Zwänge bewußt sein, die zu einem Mißbrauch ihres Einflusses führen könnten. Soziologinnen und Soziologen sollen geeignete Maßnahmen ergreifen, um sicherzustellen, daß ein solcher Mißbrauch und daraus resultierende nachteilige Auswirkungen auf Auftraggeber/innen, Forschungsteilnehmer/innen, Studierende und Mitarbeiter/innen vermieden werden.

B. Rechte der Untersuchten

(1) Das Befolgen von Regeln der wissenschaftlichen Methode kann ungünstige Konsequenzen oder spezielle Risiken für Individuen oder Gruppen nach sich ziehen. Darüber hinaus kann das Forschungshandeln den zukünftigen Zugang zu einer Untersuchungspopulation für den gesamten Berufsstand oder verwandte Berufsgruppen einschränken oder verschließen. Beides haben Soziologinnen und Soziologen zu antizipieren, um negative Auswirkungen zu vermeiden.

(2) In der soziologischen Forschung sind die Persönlichkeitsrechte der in sozialwissenschaftliche Untersuchungen einbezogenen Personen ebenso wie ihr Recht zur freien Entscheidung über die Beteiligung an Forschungsvorhaben zu respektieren.

(3) Generell gilt für die Beteiligung an sozialwissenschaftlichen Untersuchungen, daß diese freiwillig ist und auf der Grundlage einer möglichst ausführlichen Information über Ziele und Methoden des entsprechenden Forschungsvorhabens erfolgt. Nicht immer kann das Prinzip der informierten Einwilligung in die Praxis umgesetzt werden, z. B. wenn durch eine umfassende Vorabinformation die Forschungsergebnisse in nicht vertretbarer Weise verzerrt würden. In solchen Fällen muß versucht werden, andere Möglichkeiten der informierten Einwilligung zu nutzen.

(4) Besondere Anstrengungen zur Gewährleistung einer angemessenen Information sind erforderlich, wenn die in die Untersuchung einbezogenen Individuen über einen geringen Bildungsgrad verfügen, einen niedrigen Sozialstatus haben, Minoritäten oder Randgruppen angehören.

(5) Personen, die in Untersuchungen als Beobachtete oder Befragte oder in anderer Weise, z. B. im Zusammenhang mit der Auswertung persönlicher Dokumente, einbezogen werden, dürfen durch die Forschung keinen Nachteilen oder Gefahren ausgesetzt werden. Die Betroffenen sind über alle Risiken aufzuklären, die das Maß dessen überschreiten, was im Alltag üblich ist. Die Anonymität der befragten oder untersuchten Personen ist zu wahren.

(6) Im Rahmen des Möglichen sollen Soziologinnen und Soziologen potentielle Vertrauensverletzungen voraussehen. Verfahren, die eine Identifizierung der Untersuchten aus-schließen, sollen in allen geeigneten Fällen genutzt werden. Besondere Aufmerksamkeit ist den durch die elektronische Datenverar-

beitung gegebenen Möglichkeiten des Zugangs zu Daten zu widmen. Auch hier sind sorgfältige Vorkehrungen zum Schutz vertraulicher Informationen erforderlich.

(7) Von untersuchten Personen erlangte vertrauliche Informationen müssen entsprechend behandelt werden; diese Verpflichtung gilt für alle Mitglieder der Forschungsgruppe (auch Interviewer/innen, Codierer/innen, Schreibkräfte etc.), die über einen Datenzugriff verfügen. Es liegt in der Verantwortung der Projektleiter/innen, die Mitarbeiter/innen hierüber zu informieren und den Zugang zu vertraulichem Material zu kontrollieren.

(8) Soziologinnen und Soziologen sollen unter Verweis auf entsprechende Regelungen für andere Professionen der Schweigepflicht unterliegen und für sich das Recht auf Zeugnisverweigerung beanspruchen, wenn zu befürchten steht, daß auf der Basis der ihm Rahmen soziologischer Forschung gewonnenen Informationen die Informanten irgendwelche - insbesondere strafrechtliche - Sanktionen zu gewärtigen haben.

II. Publikationen

(1) Soziologinnen und Soziologen nennen alle Personen, die maßgeblich zu ihrer Forschung und zu ihren Publikationen beigetragen haben. Die Ansprüche auf Autorenschaft und die Reihenfolge der Autor/innen sollen deren Beteiligung am Forschungsprozeß und an der Veröffentlichung abbilden.

(2) Daten und Materialien, die wörtlich oder sinngemäß von einer veröffentlichten oder unveröffentlichten Arbeit anderer übernommen wurden, müssen kenntlich gemacht und ihren Urheber/innen zugeschrieben werden. Verweise auf Gedanken, die in Arbeiten anderer entwickelt wurden, dürfen nicht wissentlich unterlassen werden.

(3) In Zeitschriften sollte der kritische Austausch zwischen den Angehörigen des Faches gefördert werden. In diesem Zusammenhang sollten Regeln publiziert werden, die die Möglichkeiten zur Stellungnahme und Erwiderung spezifizieren.

(4) Herausgeber und Redaktionen von Zeitschriften sind zu einer fairen Beurteilung eingereichter Beiträge ohne persönliche oder ideologische Vorurteile in angemessener Zeit verpflichtet. Sie informieren umgehend über Entscheidungen zu eingereichten Manuskripten.

(5) Eine Veröffentlichungszusage ist bindend. Wurde die Publikation zugesichert, so soll sie so bald wie möglich erfolgen.

III. Begutachtung

(1) Werden Soziologinnen und Soziologen um Einschätzungen von Personen, Manuskripten, Forschungsanträgen oder anderen Arbeiten gebeten, so sind solche Bitten um Begutachtung im Fall von Interessenkonflikten abzulehnen.

(2) Zu begutachtende Arbeiten sollen vollständig, sorgfältig, vertraulich und in einem angemessenen Zeitraum fair beurteilt werden.

(3) Begutachtungen, die im Zusammenhang mit Personalentscheidungen stehen, werden von allen Beteiligten vertraulich behandelt. An sie müssen unter den Gesichtspunkten der Integrität, der Objektivität und der Vermeidung von Interessenkonflikten höchste Anforderungen gestellt werden.

(4) Soziologinnen und Soziologen, die um Rezensionen von Büchern oder Manuskripten gebeten werden, welche sie bereits an anderer Stelle besprochen haben, sollen diesen Umstand den

Anfragenden mitteilen. Die Rezension von Arbeiten, bei deren Entstehung sie direkt oder indirekt beteiligt waren, sollten sie ablehnen.

IV. Der berufliche Umgang mit Studierenden, Mitarbeiter/innen und Kollegen/innen

(1) Soziologinnen und Soziologen, die Lehraufgaben wahrnehmen, verpflichten sich, durch Art und Ausmaß ihres Einsatzes und ihrer Ansprüche für eine gute Ausbildung der Studierenden zu sorgen.

(2) Soziologinnen und Soziologen müssen sich bei Einstellungen, Entlassungen, Beurteilungen, Beförderungen, Gehaltsfestsetzungen und anderen Fragen des Anstellungsverhältnisses, bei Berufungs-, Rekrutierungs- und Kooptationsentscheidungen um Objektivität und Gerechtigkeit bemühen. Sie dürfen andere Personen nicht wegen ihres Alters, ihrer Geschlechtszugehörigkeit, ihrer körperlichen Behinderung, ihrer sozialen oder regionalen Herkunft, ihrer ethnischen oder nationalen Zugehörigkeit, ihrer Religionszugehörigkeit oder ihrer politischen Einstellungen benachteiligen.

(3) Soziologinnen und Soziologen dürfen Studierende oder Mitarbeiter/innen und Kollegen/innen nicht zwingen, sich als Forschungsobjekte zur Verfügung zu stellen, oder sie über eine derartige Verwendung täuschen.

(4) Soziologinnen und Soziologen dürfen Leistungen anderer nicht zu ihrem eigenen Vorteil ausnutzen und deren Arbeit nicht undeklariert verwerten.

(5) Soziologinnen und Soziologen dürfen von niemandem – beispielsweise von Befragten, Auftraggebern/innen, Studenten/innen - persönliches oder geschlechtsspezifisches Entgegenkommen oder einen persönlichen oder beruflichen Vorteil erzwingen.

Die Ethik- Kommission

A. Zusammensetzung und Amtszeit

(1) Die Ethik- Kommission besteht aus fünf Personen. Die „Deutsche Gesellschaft für Soziologie (DGS)“ und der „Berufsverband Deutscher Soziologen (BDS)“ entsenden jeweils zwei Mitglieder nach einem Verfahren, das die jeweiligen Verbände für sich festlegen. Dazu kommt, jährlich alternierend, der oder die jeweilige Vorsitzende der DGS oder des BDS ex officio.

(2) Die Amtszeit der Ethik- Kommission dauert drei Jahre.

(3) Die Ethik- Kommission gibt sich eine Satzung, in der sie ihr Vorgehen regelt und die durch die Vorstände der Verbände sowie das Konzil der DGS und den Senat des BDS bestätigt werden muß.

B. Aufgaben und Zuständigkeit

(1) Die Ethik- Kommission soll

(a) die Vorstände der Verbände zu generellen ethischen Fragen beraten,

(b) Anzeigen von Verstößen gegen den Ethik- Kodex entgegennehmen und nach einer vermittelnden Beilegung streben,

(c) die Vermittlung zwischen betroffenen Parteien bei der Beilegung ihrer Beschwerden organisieren,

(d) Anhörungen der Parteien bei formellen Beschwerden über ein Fehlverhalten durchführen und

(e) Maßnahmen an die Vorstände der Verbände empfehlen,

(f) jährlich mindestens einmal über seine Arbeit und die verhandelten Fälle dem Konzil der DGS und dem Senat des BDS sowie in den Zeitschriften der beiden Verbände berichten,

(g) zum Ende ihrer Amtsperiode überprüfen, ob den Verbänden Änderungen und Ergänzungen auf der Grundlage gemachter Erfahrungen oder neu eingetretener Entwicklungen vorgeschlagen werden sollen.

C. Sanktionen

(1) Befindet die Ethik- Kommission, daß kein ethischer Verstoß vorliegt, werden alle betroffenen Seiten und die Vorstände der Verbände darüber informiert, womit der Vorgang abgeschlossen ist.

(2) Stellt die Ethik- Kommission im Verlauf der Anhörungen fest, daß ein Verstoß gegen den Ethik- Kodex vorliegt, informiert sie alle davon betroffenen Seiten und gibt einen Bericht an die Vorstände. Es können folgende Maßnahmen empfohlen werden:

(a) keine Sanktionen auszusprechen,

(b) einen öffentlichen Tadel in den Fachzeitschriften der Verbände auszusprechen,

(c) den freiwilligen Austritt eines Mitglieds anzuregen,

(d) die Mitgliedschaft für einen bestimmten Zeitraum auszusetzen,

(e) das Mitglied aus dem jeweiligen Verband auszuschließen.

VI. Inkrafttreten

Dieser Ethik- Kodex in der Fassung vom 27. November 1992 tritt nach Verabschiedung durch die beiden Verbände und Veröffentlichung in den Zeitschriften der Verbände in Kraft.

5.3. Publizistische Grundsätze (Pressekodex)[24]

Vom Deutschen Presserat in Zusammenarbeit mit den Presseverbänden beschlossen.

Die im Grundgesetz der Bundesrepublik verbürgte Pressefreiheit schließt die Unabhängigkeit und Freiheit der Information, der Meinungsäußerung und der Kritik ein. Verleger, Herausgeber und Journalisten müssen sich bei ihrer Arbeit der Veranwortung gegenüber der Öffentlichkeit und ihrer Verpflichtung für das Ansehen der Presse bewußt sein. Sie nehmen ihre publizistische Aufgabe nach bestem Wissen und Gewissen, unbeeinflußt von persönlichen Interessen und sachfremden Beweggründen wahr.

Diese publizistischen Grundsätze dienen der Wahrung der Berufsethik; sie stellen keine rechtlichen Haftungsgründe dar.

1. Achtung vor der Wahrheit und wahrhaftige Unterrichtung der Öffentlichkeit sind oberstes Gebot der Presse.
2. Zur Veröffentlichung bestimmte Nachrichten und Informationen in Wort und Bild sind mit der nach den Umständen gebotenen Sorgfalt auf ihren Wahrheitsgehalt zu prüfen. Ihr Sinn darf durch Bearbeitung, Überschrift

---

[24] Aus: Deutscher Presserat (Hrsg.): Jahrbuch 1988, S. 121 - 123. Zitiert nach Kurt Schatz: Werkbuch Kleinpublizistik, Frankfurt a. M. 1990, S. 267 – 268. Vgl. dazu: PUBLIZISTISCHE GRUNDSÄTZE (PRESSEKODEX) Richtlinien für die publizistische Arbeit nach den Empfehlungen des Deutschen Presserates. Beschwerdeordnung. Vom Deutschen Presserat in Zusammenarbeit mit den Presseverbänden beschlossen und erstmals Bundespräsident Gustav W. Heinemann am 12. Dezember 1973 in Bonn überreicht. Fassung vom 22. März 2017. https://www.presse-rat.de/file-admin/user_upload/Downloads_Dateien/Pressekodex2017_web.pdf. Download 31.03.2018.

oder Bildbeschriftung weder entstellt noch verfälscht werden. Dokumente müssen sinngetreu wiedergegeben werden. Unbestätigte Meldungen, Gerüchte und Vermutungen sind als solche erkennbar zu machen.

Bei Wiedergabe von symbolischen Fotos muß aus der Unterschrift hervorgehen, daß es sich nicht um ein dokumentarisches Bild handelt.

3. Veröffentlichte Nachrichten oder Behauptungen, die sich nachträglich als falsch erweisen, hat das Publikationsorgan, das sie gebracht hat, unverzüglich von sich aus in angemessener Weise richtigzustellen.
4. Bei der Beschaffung von Nachrichten, Informationsmaterial und Bildern dürfen keine unlauteren Methoden angewandt werden.
5. Die bei einem Informations- oder Hintergrundgespräch vereinbarte Vertraulichkeit ist grundsätzlich zu wahren.
6. Jede in der Presse tätige Person wahrt das Berufsgeheimnis, macht vom Zeugnisverweigerungsrecht Gebrauch und gibt Informanten ohne deren ausdrückliche Zustimmung nicht preis.
7. Die Verantwortung der Presse gegenüber der Öffentlichkeit gebietet, daß redaktionelle Veröffentlichungen nicht durch private oder geschäftliche Interessen Dritter beeinflußt werden. Verleger und Redakteure wehren derartige Versuche ab und achten auf eine klare Trennung zwischen redaktionellem Text und Veröffentlichungen zu gewerblichen Zwecken.
8. Werbetexte, Werbefotos und Werbezeichnungen sind als solche kenntlich zu machen.
9. Die Presse achtet das Privatleben und die Intimsphäre des Menschen. Berührt jedoch das private Verhalten eines

Menschen öffentliche Interessen, so kann es auch in der Presse erörtert werden. Dabei ist zu prüfen, ob durch eine Veröffentlichung Persönlichkeitsrechte Unbeteiligter verletzt werden.

10. Es widerspricht journalistischem Anstand, unbegründete Beschuldigungen, insbesondere ehrverletzender Natur, zu veröffentlichen.

11. Veröffentlichungen in Wort und Bild, die das sittliche oder religiöse Empfinden einer Personengruppe nach Form und Inhalt wesentlich verletzen können, sind mit der Verantwortung der Presse nicht zu vereinbaren.

12. Auf eine unangemessen sensationelle Darstellung von Gewalt und Brutalität soll verzichtet werden. Der Schutz der Jugend ist in der Berichterstattung zu berücksichtigen.

13. Niemand darf wegen seines Geschlechts, seiner Zugehörigkeit zu einer rassischen, religiösen oder nationalen Gruppe diskriminiert werden.

14. Die Berichterstattung über schwebende Ermittlungs- und Gerichtsverfahren muß frei von Vorurteilen erfolgen. Die Presse vermeidet deshalb vor Beginn und während der Dauer eines solchen Verfahrens in Darstellung und Überschrift jede einseitige oder präjudizierende Stellungnahme. Ein Verdächtiger darf vor einem gerichtlichen Urteil nicht als Schuldiger hingestellt werden. Bei Straftaten Jugendlicher sind mit Rücksicht auf die Zukunft der Jugendlichen möglichst Namensnennung und identifizierende Bildveröffentlichungen zu unterlassen, sofern es sich nicht um schwere Verbrechen handelt. Über Entscheidungen von Gerichten soll nicht ohne schwerwiegende Rechtfertigungsgründe vor deren offizieller Bekanntgabe berichtet werden.

15. Bei Berichten über medizinische Themen ist eine unangemessen sensationelle Darstellung zu vermeiden, die unbegründete Befürchtungen oder Hoffnungen beim Leser erwecken könnte. Forschungserkenntnisse, die sich in einem frühen Stadium befinden, sollten nicht als abgeschlossen oder nahezu abgeschlossen dargestellt werden.

16. Die Annahme und Gewährung von Vorteilen jeder Art, die geeignet sein könnten, die Entscheidungsfreiheit von Verlag und Redaktion zu beeinträchtigen, sind mit dem Ansehen, der Unabhängigkeit und der Aufgabe der Presse unvereinbar. Wer sich für die Verbreitung oder Unterdrückung von Nachrichten bestechen läßt, handelt unehrenhaft und berufswidrig.

17. Es entspricht fairer Berichterstattung, vom Deutschen Presserat öffentlich ausgesprochene Rügen abzudrucken, insbesondere in den betroffenen Publikationsorganen.

5.4. Verhaltenscodices von Unternehmen

5.4.1. Das Davoser Manifest von 1972[25]

A.

Berufliche Aufgabe des Unternehmens ist es, Kunden, Mitarbeitern, Geldgebern und der Gesellschaft zu dienen und deren widerstreitende Interessen zum Ausgleich zu bringen.

B.

1. Die Unternehmensführung muß den Kunden dienen. sie muß die Bedürfnisse der Kunden bestmöglich befriedigen. Fairer Wettbewerb zwischen den Unternehmen, der größte Preiswürdigkeit, Qualität und Vielfalt der Produkte sichert, ist anzustreben.

Die Unternehmensführung muß versuchen, neue Ideen und technologischen Fortschritt in marktfähige Produkte und Dienstleistungen umzusetzen.

2. Die Unternehmensführung muß den Mitarbeitern dienen, denn Führung wird von den Mitarbeitern in einer freien Gesellschaft nur dann akzeptiert, wenn gleichzeitig ihre Interessen wahrgenommen werden.

Die Unternehmensführung muß darauf abzielen, die Arbeitsplätze zu sichern, das Realeinkommen zu steigern und zu einer Humanisierung der Arbeit beizutragen.

---

[25] Aus: Steinmann. H.: Zur Lehre von der "Gesellschaftlichen Verantwortung der Unternehmensführung", WiSt-Wirtschaftswissenschaftliches Studium 2 (1973), S. 472 f.

3. Die Unternehmensführung muß den Geldgebern dienen. Sie muß ihnen eine Verzinsung des eingesetzten Kapitals sichern, die höher ist als der Zinssatz auf Staatsanleihen. Diese höhere Verzinsung ist notwendig, weil eine Prämie für das höhere Risiko eingeschlossen werden muß. Die Unternehmensführung ist Treuhänder der Geldgeber.

4. Die Unternehmensführung muß der Gesellschaft dienen. Die Unternehmensführung muß für die zukünftigen Generationen eine lebenswerte Umwelt sichern. Die Unternehmensführung muß das Wissen und die Mittel, die ihr anvertraut sind, zum Besten der Gesellschaft nutzen.

Sie muß der wissenschaftlichen Unternehmensführung neue Erkenntnisse erschließen und den technischen Fortschritt fördern. Sie muß sicherstellen, daß das Unternehmen durch seine Steuerkraft dem Gemeinwesen ermöglicht, seine Aufgabe zu erfüllen. Das Management soll sein Wissen und seine Erfahrung in den Dienst der Gesellschaft stellen.

C. Die Dienstleistung der Unternehmensführung gegenüber Kunden, Mitarbeitern, Geldgebern und der Gesellschaft ist nur möglich, wenn die Existenz des Unternehmens langfristig gesichert ist. Hierzu sind ausreichende Unternehmensgewinne erforderlich. Der Unternehmensgewinn ist daher ein notwendiges Mittel, nicht aber Endziel der Unternehmensführung.

5.4.2. Lufthansa[26]

- Dienst am Kunden bestimmt, wie wir denken und handeln.
- Wir sind herzlich und zuvorkommend.
- Unser Ziel ist es, eine der führenden Luftverkehrsgesellschaften der Welt zu bleiben.
- Wir bleiben wirtschaftlich stark und unabhängig.
- Wir schaffen auch in Zukunft Qualität durch Können und Engagement.
- Wir bleiben technisch hervorragend.
- Wir halten unsere Strukturen wandlungsfähig.
- Wir sind tatkräftig und entscheidungsfreudig.
- Wir gehen fair und partnerschaftlich miteinander um.
- Wir fühlen uns wohl bei der Lufthansa und arbeiten gern zusammen.
- Wir nehmen unsere gesellschaftliche Verantwortung ernst.
- Auf uns kann man sich verlassen.

---

[26] Vgl. dazu: Lufthansa, Code of Conduct. https://investor-relations.lufthansagroup.com/file-admin/downloads/de/corporate-governance/CoC/Code-of-conduct_201802_DE.pdf. Stand: Februar 2018. Download: 31.03.2018.

5.4.3. Villeroy & Boch

1. Kreativität
2. Unsere Mitarbeiter sind die Grundlage unseres Erfolges
3. Wir orientieren uns an den Wünschen unserer Kunden
4. Gesellschaftliche Verantwortung hat bei uns Tradition
5. Gewinnorientierung und Internationalität sichern unsere Zukunft

5.4.4. BMW[27]

Realisierung von Werten in der konkreten Personalpolitik			
Gesellschaft / Mitarbeiter		Personalpolitik	
Grundwerte	Ziele	Strategien/ Konzepte	Instrumente/ Maßnahmen
° Selbständigkeit und Individualität	° Schaffung persönlicher Freiräume und Wahlmöglichkeiten	° Flexibilisierung des Zusatzleistungs-programms	° Cafeteria-System
		° Flexibilisierung der Arbeitszeit	° Teilzeit ° Trennung Arbeitszeit/ Betriebszeit ° Gleitzeit ° Brücken-tageregelungen ° vorzeitige Pensionierung ° alternative Schichtpläne
	° Förderung der Selbständigkeit	° Förderung der Übernahme persönlicher bzw. gemeinsamer Verantwortung	° Führungsstil ° Prinzipien der Delegation (Übertragung von Aufgaben,

[27] Vgl. dazu:. DRIVING THE RIGHT WAY. BMW GROUP VERHALTENSKODE. Stand: Mai 2018. https://www.bmwgroup .com /content/dam/bmw-group-websites/bmwgroup_com/company/ downloads / de/2015/BMW_Group_LCC_DE.pdf. Download 31.03.2018.

			Befugnissen und Verantwortung) ° Projekt-management / Teamarbeit
		° System der Zielvereinbarung	° Beteiligung der Mitarbeiter an der Zielverein-barung
		° Beteiligung der Betroffenen an Entscheidungen	° Lernplan /Qualitätszirkel ° Organisations-entwicklung-Maßnahmen ° Einbeziehung der Mitarbeiter in Arbeitsgestal-tungskreise

5.4.5. Rosenthal

Philigramme - Philip jun.

Ehrlichkeit ist gegenüber dem Feind ein Kann, dem Freund ein Soll, sich selbst ein Muß.

Das Leben ist eine Bergwiese, voll von schönsten Blumen und von Kuhfladen. Glück oder Unglück ist nur die Frage, was man mehr anschaut.

Erfolg kommt von: etwas Sein, etwas Schein und sehr viel Schwein.

Alter ist weniger eine Frage der Jahre als der Beweglichkeit der körperlichen und geistigen Muskeln. Wenn die körperlichen nachlassen, merkt man's selbst, bei den geistigen merken es meistens nur die anderen.

Wenn ich nur dazu diene, daß Leute in die Politik gehen, die besser sind als ich, dann hat es sich gelohnt.

Auch in der Sozialdemokratie gibt es Deppen, Sture, Parteihengste, Eigensüchtige - und mit sonstwas Menschlichem Behaftete -, nur etwas weniger davon als bei den anderen Parteien.

Die vernünftigen Konservativen und die vernünftigen Reformer sind sich oft sehr nahe. Nur: die einen handeln unter dem Druck der Gegenwart, die anderen in Voraussicht der Zukunft.

Wer alle gefundenen Körner frißt, ist selbst ein blinder Hahn.

Philigramme - Philip sen.

Vorwärts schauen - was vorbei ist, ändert niemand mehr.

Nie etwas tun, was ein Geringerer leisten kann.

In den Sattel kann ich euch heben, doch das Reiten müßt ihr selbst erlernen.

In einem teuren Restaurant brauchst du nicht viel essen und trinken, aber gib ein gutes Trinkgeld, dann bist du auch das nächste Mal willkommen.

Wer nicht für Nachwuchs sorgt, der bleibt ein Einspänner sein Leben lang.

Kinder, merkt euch, der Kunde hat immer recht. Keine Nadelstich- Politik, sondern zufriedenstellen, vor allem aber gute Ware.

Nur die Ware macht den Markt.

6. Biblische Tradition

6.1. Die zehn Gebote[28]

1 Und Gott redete alle diese Worte:

2 Ich bin der HERR, dein Gott, der ich dich aus Ägyptenland, aus der Knechtschaft, geführt habe.

3 Du sollst keine anderen Götter haben neben mir.

4 Du sollst dir kein Bildnis noch irgendein Gleichnis** machen, weder von dem, was oben im Himmel, noch von dem, was unten auf Erden, noch von dem, was im Wasser unter der Erde ist:**

5 Bete sie nicht an und diene ihnen nicht! Denn ich, der HERR, dein Gott, bin ein eifernder Gott, der die Missetat der Väter heimsucht bis ins dritte und vierte Glied an den Kindern derer, die mich hassen,

6 aber Barmherzigkeit erweist an vielen tausenden, die mich lieben und meine Gebote halten.

7 Du sollst den Namen des HERRN, deines Gottes, nicht missbrauchen; denn der HERR wird den nicht ungestraft lassen, der seinen Namen missbraucht.

8 Gedenke des Sabbattages, dass du ihn heiligest.

9 Sechs Tage sollst du arbeiten und alle deine Werke tun.

10 Aber am siebenten Tage ist der Sabbat des HERRN, deines Gottes. Da sollst du keine Arbeit tun, auch nicht dein Sohn, deine

---

[28] 2. Buch Mose 20,1-20. Lutherbibel 1984.

Tochter, dein Knecht, deine Magd, dein Vieh, auch nicht dein Fremdling, der in deiner Stadt lebt.

11 Denn in sechs Tagen hat der HERR Himmel und Erde gemacht und das Meer und alles, was darinnen ist, und ruhte am siebenten Tage. Darum segnete der HERR den Sabbattag und heiligte ihn.

12 Du sollst deinen Vater und deine Mutter ehren, auf dass du lange lebest in dem Lande, das dir der HERR, dein Gott, geben wird.

13 Du sollst nicht töten.

14 Du sollst nicht ehebrechen.

15 Du sollst nicht stehlen.

16 Du sollst nicht falsch Zeugnis reden wider deinen Nächsten.

17 Du sollst nicht begehren deines Nächsten Haus. Du sollst nicht begehren deines Nächsten Frau, Knecht, Magd, Rind, Esel noch alles, was dein Nächster hat.

18 Und alles Volk wurde Zeuge von dem Donner und Blitz und dem Ton der Posaune und dem Rauchen des Berges. Als sie aber solches sahen, flohen sie und blieben in der Ferne stehen

19 und sprachen zu Mose: Rede du mit uns, wir wollen hören; aber lass Gott nicht mit uns reden, wir könnten sonst sterben.

20 Mose aber sprach zum Volk: Fürchtet euch nicht, denn Gott ist gekommen, euch zu versuchen, damit ihr's vor Augen habt, wie er zu fürchten sei, und ihr nicht sündigt.

21 So stand das Volk von ferne, aber Mose nahte sich dem Dunkel, darinnen Gott war.

6.2. Die Seligpreisungen der Bergpredigt[29]

1 Da er aber das Volk sah, ging er auf einen Berg und setzte sich; und seine Jünger tragen zu ihm.

2 Und er tat seinen Mund auf, lehrte sie und sprach:

3 Selig sind, die da geistlich arm sind; denn das Himmelreich ist ihr.

4 Selig sind, die da Leid tragen; denn sie sollen getröstet werden.

5 Selig sind, die Sanftmütigen; denn sie werden das Erdreich besitzen.

6 Selig sind, die da hungert und dürstet nach der Gerechtigkeit; denn sie sollen satt werden.

7 Selig sind die Barmherzigen; denn sie werden Barmherzigkeit erlangen.

8. Selig sind, die reines Herzens sind; denn sie werden Gott schauen.

9. Selig sind die Friedfertigen; denn sie werden Gottes Kinder heißen.

10. Selig sind, die um Gerechtigkeit willen verfolgt werden; denn sie werden Gottes Kinder heißen.

---

[29] Matthäusevangelium 5,1-12, Lutherbibel 1918.

11. Selig seid ihr, wenn euch die Menschen um meinetwillen schmähen und verfolgen und reden allerlei Übles wider euch, so sie daran lügen.

12. Seid fröhlich und getrost; es wird euch im Himmel wohl belohnt werden. Denn also haben sie verfolgt die Propheten, die vor euch gewesen sind.

Anmerkungen zu Denninger, Erhard, Zehn Thesen zum Ethos der Polizeiarbeit (s. o., S. 97 ff.)

[1] Einzelnachweise hierzu bei *E. Denninger*, Polizei in der freiheitlichen Demokratie, 1968; wiederveröffentlicht in Denninger/Lüderssen, Polizei und Strafprozeß im demokratischen Rechtsstaat, 228, 1978, 102ff.

[2] *M. Kniesel*, Polizeiliche Lagebeurteilung bei Sitzblockaden nach Maßgabe von Versammlungsfreiheit, Die Polizei 1986, 217 ff., 221.

[3] Vgl. *P.A. Albrecht*, Prävention als problematische Zielbestimmung im Kriminaljustizsystem, Kritische Vierteljahresschrift für Gesetzgebung und Rechtswissenschaft 1986, 54 ff.

[4] Zu den Grenzen der Informationsverarbeitung im Bereich der Inneren Sicherheit s. *E. Denninger*, Das Recht auf informationelle Selbstbestimmung und Innere Sicherheit, KJ 1985, 215 ff.

[5] Zutreffend *Kniesel/Tegtmeyer* in DRiZ 1986, 251 ff., 253 in Erwiderung auf Schoreit, DRiZ 1986, 54 ff.

[6] Nach einem Bericht in der Frankfurter Allgemeinen Zeitung vom 17. 9. 1986 ist das „Heer“ der privaten Bewacher seit Ende 1984 um 17 % auf 37.100 Personen angewachsen. Diese Zahl umfaßt nur die sozialversicherten Beschäftigten. Die Gesamtzahl einschließlich der nicht sozialversicherten Überwachungspersonen wird bei steigender Tendenz auf ca. 63.000 geschätzt.

[7] Aus der unübersehbaren Literatur hierzu: *K. Eichenberger*, Die Sorge für den inneren Frieden als primäre Staatsaufgabe, in: derselbe, Der Staat der Gegenwart, Basel 1980, S. 73 ff.; *C. Starck*, Frieden als Staatsziel, in FS für Karl Carstens, hrsgg. Von *B. Börner, H. Jahrreiß, K. Stern*, 1984, Bd. 2, 867 ff.

[8] BVerfGE 49, 24, 57 zitiert BVerwGE 49, 202, 209.

[9] Vgl. aber *J. Isensee*, Das Grundrecht auf Sicherheit – Zu den Schutzpflichten des freiheitlichen Verfassungsstaates, 1983. Der Bürger wird durch die Grundrechte der Art. 1 ff. GG umfassend und ausreichend geschützt. Ein darüber hinaus postuliertes „Grundrecht auf Sicherheit" hätte keinen bestimmten Anspruchsinhalt, vielmehr besteht die Gefahr, daß es als umfassende Schutz*pflicht* des Staates ausgelegt, zur Basis für umfassende und unbestimmte Eingriffsbefugnisse des Staates genommen wird. Mit der „sùreté" des Art. 2 der Menschen- und Bürgerrechtserklärung vom 26. August 1789 hätte es nichts zu tun.

[10] Vgl. den detaillierten Bericht „Lieber gleich durchs Minenfeld jagen" in: DER SPIEGEL, Nr. 25 vom 16. Juni 1986, 95 ff. Auch die dort wiedergegebenen Zitate von Äußerungen von Polizeibeamten sind, ihre Richtigkeit unterstellt, ein erschreckendes Zeugnis einer falschen Dienstauffassung. Vgl. ferner den Bericht über den „Mainzer Polizei-Kessel" in der Frankfurter Rundschau vom 19. Sept. 1986.

[11] Platon, Politeia II, 15; 375a – 376 d.

[12] Das BVerfG (E 69, 315, 355f.) betont zu Recht die Notwendigkeit rechtzeitiger Kontaktaufnahmen und des Informationsaustausches zwischen Polizei und Teilnehmern / Veranstaltern von Großdemonstrationen; vertrauensbildende und möglicherweise vertrauensvolle Kooperation erübrigt in vielen Fällen die Zwangsanwendung. Die Kommunikation der Polizei mit dem Bürger muß aber auch jenseits von Demonstrationssituationen alltäglich stattfinden und auf gegenseitiges Verstehen gerichtet sein.

Printed by Books on Demand GmbH, Norderstedt / Germany